금강경, 깨달음과 마주하다

금강경, 깨달음과 마주하다

발행일	2025년 6월 11일

지은이	탄호		
펴낸이	손형국		
펴낸곳	(주)북랩		
편집인	선일영	편집	김현아, 배진용, 김다빈, 김부경
디자인	이현수, 김민하, 임진형, 안유경	제작	박기성, 구성우, 이창영, 배상진
마케팅	김회란, 박진관		
출판등록	2004. 12. 1(제2012-000051호)		
주소	서울특별시 금천구 가산디지털 1로 168, 우림라이온스밸리 B동 B111호, B113~115호		
홈페이지	www.book.co.kr		
전화번호	(02)2026-5777	팩스	(02)3159-9637
ISBN	979-11-7224-678-5 03220 (종이책)		979-11-7224-679-2 05220 (전자책)

잘못된 책은 구입한 곳에서 교환해드립니다.
이 책은 저작권법에 따라 보호받는 저작물이므로 무단 전재와 복제를 금합니다.
이 책은 (주)북랩이 보유한 리코 장비로 인쇄되었습니다.

(주)북랩 성공출판의 파트너

북랩 홈페이지와 패밀리 사이트에서 다양한 출판 솔루션을 만나 보세요!

홈페이지 book.co.kr • 블로그 blog.naver.com/essaybook • 출판문의 text@book.co.kr

---

작가 연락처 문의 ▸ ask.book.co.kr

작가 연락처는 개인정보이므로 북랩에서 알려드릴 수 없습니다.

부처와 수보리의 문답으로 배우는 지혜의 정수

금강경,
깨달음과 마주하다

탄호 지음

북랩

머리말

빠르게 변화하는 현대 사회에서 젊은이들이 직면한 가장 큰 어려움은 미래에 대한 불안과 초조, 그리고 두려움일 것이다. 어려움에 놓인 우리는 현실을 부정하고 싶을 만큼 깊은 고민과 번민 속에서 고통스러워한다.

AI 시대와 마주하며 우리는 다양한 신기술을 접하고 있지만, 인간의 정신세계를 인위적으로 깨닫게 할 수는 없다.

『금강경』은 알면 알수록 어렵지만, 그 신비로운 매력에 이끌려 끊임없이 연구하게 되는 경전이다. 반전에 반전을 거듭하며, 결코 해결할 수 없는 우리의 고정관념을 과감히 깨뜨리게 하는 힘을 지니고 있다. 알 듯 말 듯, 깨달았다고 하는 그 자체가 깨닫지 않았음을 자각하라는 반전의 내용들이다.

잘못 알고 있는 세상에 대한 집착과 번뇌를 깨뜨릴 때 비로소 행복한 삶을 맞이할 수 있게 된다. 우리는 무엇 때문에 힘들어해야 하고, 고뇌해야 하며, 집착해야 하는가. 모든 것은 우리가 가진 상(相) 때문임을 『금강경』에서는 간절히 알려주고 있다. 내가 옳다는 생각, 내가 뛰어나다는 생각 등 모든 것은 '나'라는 생각에서 비롯된 착각임을 말해준다.

그동안 많은 『금강경』 책을 접하며 저자들의 노고를 엿볼 수 있었다. 그들은 시대적 요구에 부응하며 독자들의 문제 해결과 고민을 덜어주기 위해 많은 노력들을 기울여왔다.

이번 『금강경, 깨달음과 마주하다』의 저자로서, 나 역시 시대적 해석과 번역을 통해 많은 이들에게 귀감이 되고자 노력했다. 많은 부분 무비 스님의 『금강경』 강설과 법륜 스님의 해설을 토대로 엮었으며, 각주를 달아서 교리적인 면을 좀 더 보완하도록 노력했다.

이 책을 통해 많은 이들이 자기 안에 숨겨진 다이아몬드 같은 가능성을 발견하고, 스스로 빛나는 보석으로 거듭나기를 진심으로 바란다. 가뭄에 시원스레 내리는 단비처럼 이 책은 누군가의 삶에 깊은 울림을 전하고 새로운 길을 여는 인생의 터닝포인트로서 빛나는 교재가 될 것이다.

2025년 봄, 고헌산 선문사 소소당(昭昭堂)에서

탄호 씀

∽ 차례 ∽

머리말 4

금강경(金剛經)이란 10

금강경(金剛經) 내용 요약 12

제일, 법회인유분(법회가 열리던 날) 22

제이, 선현기청분(수보리가 법을 청하다) 26

제삼, 대승정종분(대승의 바른 가르침) 32

제사, 묘행무주분(걸림 없이 베푸는 삶) 38

제오, 여리실견분(여래를 보다) 44

제육, 정신희유분(바른 믿음) 48

제칠, 무득무설분(얻을 것도 설할 것도 없는 진리) 56

제팔, **의법출생분**(법에 의하여 나온다) 62

제구, **일상무상분**(하나의 상도 본래 상이 없다) 68

제십, **장엄정토분**(정토를 장엄하다) 78

제십일, **무위복승분**(무위의 수승한 복) 84

제십이, **존중정교분**(바른 가르침을 존중하다) 90

제십삼, **여법수지분**(여법하게 받아 지니다) 94

제십사, **이상적멸분**(상을 여의어 적멸함) 100

제십오, **지경공덕분**(경을 받아 가지는 공덕) 114

제십육, **능정업장분**(업장을 맑히다) 120

제십칠, **구경무아분**(마침내 나도 없다) 126

제십팔, **일체동관분**(일체를 하나로 보다) 136

제십구, **법계통화분**(법계를 교화하다) 148

제이십, **이색이상분**(색을 떠나고 상을 여의다) 152

제이십일, **비설소설분**(설할 것이 없는 설법) 156

제이십이, **무법가득분**(얻을 바 없으니) 160

제이십삼, **정심행선분**(텅 빈 마음으로 선을 행하다) 162

제이십사, 복지무비분(복과 지혜는 비교할 수 없다) 164

제이십오, 화무소화분(교화하여도 교화함이 없다) 168

제이십육, 법신비상분(법신은 상이 아니다) 172

제이십칠, 무단무멸분(끊어짐도 아니고 멸함도 아니다) 176

제이십팔, 불수불탐분(받지도 탐하지도 않는 복덕) 180

제이십구, 위의적정분(위의가 적정하다) 184

제삼십, 일합이상분(하나로 합한 이치) 186

제삼십일, 지견불생분(지견을 내지 않는다) 190

제삼십이, 응화비진분(응·화신이 진신이 아니다) 194

금강경(金剛經)이란

『금강경』은 선종에서 으뜸으로 여기는 대승불교의 초기경전으로, 우리나라 조계종에서도 소의경전으로 삼고 있다.

『금강경』의 본래 이름은 『금강반야바라밀경』으로, 산스크리트어는 와즈라쩨디까 쁘라즈냐 빠라미따 수뜨라(Vajracchedikā Prajñā-pāramitā Sūtra)이다. 금강은 다이아몬드를, 반야는 지혜를, 바라밀은 피안의 세계에 도달함을 가리킨다. 『금강경』에 담긴 지혜가 다이아몬드처럼 가장 값지고 소중하고 견고하다는 뜻이기도 하고, 다이아몬드가 세상 모든 물질을 다 깨뜨리듯 『금강경』의 지혜로서 중생의 어리석음과 번뇌를 깨뜨린다는 뜻이기도 하다. 따라서 『금강경』은 '금강과 같이 견고하고 능히 일체를 끊어 없애는 진리의 말씀'이라는 뜻을 담고 있다.

『금강경』은 대승불교의 근본이라 할 수 있는 공 사상을 중심사상으로 하고 있다. 『금강경』에서는 부처님이 1,250명의 대중과 함께 평상시 일상생활을 그대로 보여주는 것을 시작으로 법회가 진행된다. 이 법회는 부처님의 제자 중 공의 이치를 가장 잘 터득한 수보리 존자와 나눈 대화의 문답 형식으로 전개되고 있다.

『금강경』의 대의는 아집과 법집을 파하고 상(相)이 공함을 나타낸 것으로 32분으로 나뉘어져 있다. 우리나라에 가장 많이 유통되는 『금강경』은 구마라습(344~413년) 번역본으로, 이것은 중국 양무제의 아들 소명태자가 『금강경』을 편집해 출판하면서 전체 내용을 32개의 부분으로 나누고 각각에 제목을 붙인 데서 유래한 것이다.

『금강경』의 특이한 논법은 긍정이 부정으로 바뀌었다가 다시 부정에서 긍정으로 변한다. 이것도 아니면서 동시에 저것도 아닌 형식이다. 이것은 언어도단이다. 언어로 설명하기란 매우 어려운 일이기에 도저히 전달할 수 없는 살아 있는 깨달음을 말한다. 따라서 듣는 이가 스스로 체득하기 위해 말 아닌 말, 말을 넘어서는 말로 언어적 한계를 뛰어넘었다고 볼 수 있다. 이는 존재의 실상인 공에 대한 언어적 가르침을 넘어서려는 선종의 정신과 그 흐름이 같다.

우리나라에 『금강경』이 전래된 것은 삼국시대 불교가 유입되던 초기라고 알려져 있다. 고려 중기 보조국사 지눌이 불법을 배우고자 하는 이들에게 반드시 『금강경』을 읽게 한 연유로 널리 유통되었다고 한다.

금강경(金剛經) 내용 요약

어떻게 마음을 다스리고, 어떻게 살아야 하는가[1]

기원전 1세기 전후 보살 사상이 대두되면서 대승불교 운동이 일어났다. 대승불교가 발생한 이후 경전이 결집되었는데, 처음으로 반야부 경전이 결집된다.

---

[1] 부처님께서 입멸하신 후 제자들은 많은 고민에 빠지게 되었다. 어떻게 살며, 어떻게 마음을 써야 할지를 고민하던 차 부처님의 말씀을 기록해 정리해야 할 것을 알아차리고 결집에 들어가게 된다. 이미 사리불과 목건련은 부처님보다 먼저 세상을 떠났으므로 상수 제자인 마하가섭이 경전 결집을 주도했다. 마하가섭은 모든 번뇌를 끊고 아라한과를 증득한 500명의 장로를 마가다국 왕사성 부근의 칠엽굴로 소집하였다. 그곳에서 아난다(다문제일) 존자가 경을 읊고, 우팔리(지계제일) 존자가 율을 읊은 뒤 500명의 장로가 그 내용을 검증하는 방식으로 부처님의 말씀을 결집하게 된 것이다. 이것이 제1차 결집이다. 부처님 입멸 후 100년 뒤 계율에 대한 해석을 놓고 원칙주의자와 현실주의자 사이에 견해가 갈리게 되자 바이샬리에서 제2차 결집을 하게 되었다. 그 뒤 승가는 상좌부와 대중부로 갈라져 부처님 입멸 200년 후 파탈리푸트라에서 제3차 결집이 있었지만 승가는 계속 분열해 20여 개의 부파를 형성하게 되었다. 다시 부파 불교가 확대되면서 승가는 불교를 문자와 학문을 해석하는 데 집중하게 되었고, 결국 대중성을 잃게 되었다. 이에 재가 불자들이 중심이 되어 불교 본래의 정신으로 돌아가자는 불교 운동이 일어났다. 이들은 많은 사람을 구제하여 태우는 큰 수레라는 말로 자신들을 대승이라 칭하였고, 개인 중심적인 수행을 중시하는 기존의 불교를 소승이라 비판했던 것이다. 대승불교는 이렇게 자신뿐 아니라 남을 위해 불도를 닦는 자리이타의 행을 중시했고, 보살이라는 새로운 수행자 상을 제시했다. 그리고 이러한 대승불교와 더불어 반야부 경전이 등장하게 되었다. 현재 우리가 익히 알고 있는 『금강경』, 『반야심경』 등이 반야부 경전에 속한다.

이 경의 전체 이름은 『금강반야바라밀경』[2]으로 산스크리트어는 와즈라쩨디까 쁘라즈냐 빠라미따 수뜨라(Vajracchedikā Prajñā-pāramitā Sūtra)이다. 금강석(金剛石)과 같이 견고하여 어떤 것도 깨뜨릴 수 있다는 뜻이며, 반야(지혜)로써 모든 번뇌를 깨뜨린다는 의미이다.

『금강경』은 선종의 소의(所依)경전이면서, 조계종의 소의경전이기도 하다. 우리나라에서 가장 많이 유통되는 『금강경』은 구마라집(344~413년)의 역본이고 32분[3]으로 분류되어 있는데, 이는 양나라 소명태자가 나눈 것을 그대로 따르고 있다.

---

2   다이아몬드처럼 견고한 깨달음의 지혜로써 번뇌와 고통을 소멸하여 평화와 행복만이 있는 저 언덕에 도달하게 해주는 진리를 설한 경전.

3   원래 경전이 나뉘어 있지는 않았다. 중국 남북조시대 위제가 스님들을 모신 법회에서 질문을 했다. '공맹(공자, 맹자)의 책을 보면 모두 장과 절로 나뉘어 있는데 왜 불경은 이런 구분이 없는가'라고 하자 위제의 질문에 좌중이 당혹해하던 찰나 도안법사가 불경도 장과 절로 나눌 수 있다고 하며 어떤 불경이든 서분, 정종분, 유통분의 세 단락으로 구분할 수 있다고 말했다. 이때부터 일반적으로 불교경전을 서분(경전을 기록한 이가 이 경의 설해진 연유 등을 기록한 것), 정종분(부처님이 설하신 부분을 기록한 부분으로 경전의 본론이자 핵심을 담은 것), 유통분(법문을 듣고 깨달음을 얻어 대중이 기뻐하는 모습을 묘사한 부분으로 결론에 해당)으로 구분하기 시작하게 된 것이다. 우리나라 용성진종 조사가 번역하고 해설한 『상역과해금강경』에서는 본문이 48과목으로 나누어져 있다.

『금강경』이 왜 조계종의 소의경전이 되었는가

조계종은 우리나라의 여러 종파 가운데 선(禪)을 표방하는 종파이다. 선종은 달마가 520년에 인도에서 중국으로 오면서부터 종파로서 성립되었다.

우리나라 조계종은 6조 혜능이 광동성 조계산(曹溪山)에서 상주했던 산 이름을 그대로 딴 것이다. 『육조단경』에 의하면, 출가 전 혜능은 방에서 흘러나오는 한 승려의 『금강경』 읽는 소리를 들었다. 그때 '응무소주 이생기심(應無所住 而生其心)'이라는 구절을 듣고 5조 홍인을 스승으로 혜능은 출가를 결심하였다. 훗날 홍인이 혜능에게 『금강경』의 '응무소주 이생기심'의 구절을 설해 주었는데 그 구절을 듣고 깨달았다고 한다. 이런 연유로 『금강경』을 조계종의 소의경전으로 하게 되었다.

우리나라에 『금강경』이 전래된 것은 삼국시대 불교가 유입되던 초기라 알려져 있다. 고려 중기 보조국사 지눌이 불법을 배우고자 하는 이들에게 반드시 『금강경』을 읽게 했는데 그 연유로 널리 유통되었다고 전해진다.

『금강경』의 전체 구성 및 사상

『금강경』은 선 사상을 담은 경전으로, 마음의 두 가지를 구축점으로 한다.

즉, 마음에 있는 보리심(菩提心)과 그 반대 개념인 번뇌이다. 경전에서는 '보리심을 일으킨 대승의 보살이 어떤 마음을 가지며, 어떻게 그 번뇌를 다스려야 하는가?'로 문제를 상정하였다.

경전에서 그 답은 '자아에 대한 상(相)을 갖지 않고, 자신이 행(行)한 어떤 것에도 집착하거나 관념을 갖지 않는 번뇌를 여읜 경지, 즉 무상(無相), 이상(離相), 무주심(無住心), 청정심(淸淨心), 무심(無心)에 머물러야 한다'라고 제시하고 있다.

『금강경』에서 가장 많이 등장하는 상(相)에 대한 개념

첫째, 모양이나 형상, 신체이다. 눈으로 보이는 어떤 대상의 모습이다.

둘째, 자애(自愛), 아만심, 분별심, 자만심 등이다. 일반적으로 아상(我相)이라고 통칭한다(『금강경』의 '상'에 대한 해석은 전반적으로 둘째와 셋째이다).

셋째, 관념, 사견(邪見)으로 자기중심의 사고로 가득 차 있는 경우이다.

넷째, 법상(法相)이다. 법에 대한 개념인데, 여기서 법이란 진리도 포함되지만 모든 생각이나 마음, 사유작용으로 개념화하는 방식이 포함된다.

다섯째, 대상을 인식하는 경계, 현상 등 생각이 한정 짓고 있는 의미를 넘어서고 있으며, 그 사유를 자신의 개념 안에 구속시키는 틀의 의미이다.

『금강경』의 수행 체계

2품에서 수보리가 부처님께 이런 질문을 한다.

"아뇩다라삼먁삼보리심(阿耨多羅三藐三菩提心, 가장 높은 최상의 깨달음을 얻고자 하는 마음)을 일으킨 선남자 선여인이 어떤 마음을 가져야 하며(응운하주, 應云何住), 어떻게 그 마음(번뇌)을 다스려야 합니까(운하항복기심, 云何降伏其心)?"

① 조계종 표준본 '어떻게 살아야 하는가?'
② 보리심을 낸 보살은 '어떤 마음 자세를 가져야 하는가?'

『금강경』을 사위국 기수급고독원에서 설한 이유

부처님께서는 사위국을 중심으로 교화 활동을 하시면서 20여 년이 넘게 이곳에서 법을 설하셨다.

기수급고독원을 흔히 기원정사라 부르는데 이곳은 기타태자가 땅을 보시하고 급고독 장자가 세웠다고 전해진다. 부처님 당시 고독한 사람, 불쌍한 사람들을 돕는 거부 장자가 있었다. 그는 본명이 있음에도 불구하고 선행이 그대로 이름이 되어 '급고독 장자'라 불렸던 것이다.

『금강경』의 정신인 '무주상보시'처럼 상 없이, '나'라는 관념 없이, 조건 없이 베푸는 '무주상보시'를 하려면 『금강경』의 정신대로 자기 자신을 철저히 비워야 한다는 의미에서 부처님께서는 그가 세운 기수급고독원에서 『금강경』을 설하셨다.

어떻게 마음을 다스려야 하는가

3품에 의하면 수보리의 두 번째 질문인 "어떻게 그 마음(번뇌)을 다스려야 합니까?"라는 질문에 부처님께서는 이렇게 답변하셨다.

"보리심을 일으킨 보살은 9류중생(九類衆生)[4]을 제도해서 무여열반(無餘涅槃)에 들게 하되 한 중생도 제도된 자가 없다. 보살에게 4상이 없기 때문이다."

보리심을 일으킨 사람은 중생을 제도했어도 제도했다는 관념이나 집착(四相)을 가져서는 안 되는 것이다.

어떻게 마음을 다스려야 하는가? 생명에 대한 선입견, 관념이나 집착인 사상(四相)을 버릴 때 상은 비로소 제거된다. 여기서 사상이란 아상, 인상, 중생상, 수자상을 말한다.

① 아상(我相, Ātma-saṃjñĀ): 자신, 자아(自我)라는 관념·생각·자의식

② 인상(人相, Pudgala-saṃjñā): 인간·인격 등 집단이 아닌 타인과 나를 연기적 관계가 아닌 것으로 구분시킨 개인적인 인간이라는 관념·생각

③ 중생상(衆生相, Sattva-saṃjñā): 살아 있는 모든 것(불교에서는 깨닫지 못한 모든 생명체), 어떤 생명의 당체가 고정되어 있는 관념·생각

---

[4] 과거생에 지은 선악의 행위에 따라 금생에 몸을 받을 때 아홉 가지의 형태로 되는 중생의 모습을 말한 것이다. ① 태로 태어난 태생 ② 알로 태어난 난생 ③ 습한 곳에 태어난 습생 ④ 변화하거나 스스로 업력에 의하여 갑자기 화생하는 화생 ⑤ 빛이 있어 태어난 유색 ⑥ 빛이 없어 태어난 무색 ⑦ 생각이 있어 태어난 유상 ⑧ 생각이 없이 태어난 무상 ⑨ 생각이 있지도 않고 없지도 않게 태어난 비유상비무상

④ 수자상(壽者相, Jīva-saṃjñā): 목숨이라는 관념·생각. 생명을 유지시키는 나에 대한 동일체가 있고 끝없이 윤회하고 있어 생사를 초월해 있는 존재를 인정하는 관념·생각

이와 같은 사상(四相)의 생명이 있다는 상(相)을 가지지 말고, 상(相)을 제거하는 방식을 부처님께서 설해 주신 경전이 『금강경』이다.

보리심을 낸 보살은 어떤 마음 자세를 가져야 하는가

4품에 의하면 "어떤 마음 자세를 갖고 살아야 하는가?"라는 수보리의 질문에 대하여 부처님께서 말씀하셨다.
"수보리야, 보살은 현상(法)에 집착 없이 보시해야 한다. 형색(色)에 집착하지 않고 보시하며, 소리·냄새·맛·감촉·생각의 대상에 집착하지 않고 보시해야 한다. 이와 같이 보살은 무주상의 마음으로 보시해야 한다. 만약 보살이 어떤 대상에 집착하지 않고 보시하면, 생각으로 헤아릴 수 없을 만큼 그 복덕은 광대하고 무량하다."
6바라밀 가운데 보시바라밀을 행할 때도 '베풀었다는 집착이

나 관념 없이 보시하라'라는 뜻이다. 이것이 진정한 '무주상보시(無住相布施)'이다.

과거·현재·미래 중 어느 마음에 점을 찍을 것인가

『금강경』 제18품에 삼세(三世)의 마음은 얻을 것이 없다는 내용이 있다. "그 국토 가운데 있는 중생의 가지가지 마음을 여래가 다 안다. 왜냐하면 여래가 설한 모든 마음이란 마음이 아니요, 단지 그 이름만을 가지고 마음이라고 하기 때문이다. 그래서 수보리야, 과거의 마음도 얻을 것이 없고, 현재의 마음도 얻을 것이 없고, 미래의 마음도 얻을 것이 없다."

'과거·현재·미래'라고 불리는 시간이라는 것도 인간의 사유 개념에 의해 만들어진 관념에 불과하다. 시간은 순간순간 찰나의 연결이요, 무수한 점선과 점선으로 구성되어 있는 것이다. 그런데 중생들은 하나로 연결된 것이라 본다. 한 찰나에 머물러 그때를 현재의 마음이라고 하지만, 이 또한 과거의 마음이 되어버린다. 우리의 마음은 잠시도 머물러 있지 않는다. 무상하기 때문이다. "형색에 집착하지 않고 마음을 내어야 하고, 성·향·미·촉·법에도 집착하지 않고 마음을 내어야 한다. 마땅히 집착 없이 그

마음을 내어야 한다." [10품]

일체 모든 유위법[5]은 꿈과 같고 허깨비와 물거품과 그림자와 같으며 이슬과 번개와도 같나니, 반드시 이렇게 관찰할지니라." [32품]

---

5   유위법이란 온갖 분별에 의해 인식 주관에 형성된 현상, 분별을 잇달아 일으키는 의식작용에 의해 주관에 드러난 차별현상, 인식주관의 망념으로 조작한 차별현상이다(제7장의 무위법도 함께 참조).

제일, 법회인유분(법회가 열리던 날)
第一, 法會因由分

여시아문 일시 불 재사위국기수급고독원 여 대비구중 천이백오십인 구

如是我聞 一時 佛 在舍衛國祇樹給孤獨園 與 大比丘衆 千二百五十人 俱

이시 세존 식시 착의지발 입사위대성 걸식 어기성중 차제걸이 환지본처

爾時 世尊 食時 着衣持鉢 入舍衛大城 乞食 於其城中 次第乞已 還至本處

반사흘 수의발 세족이 부좌이좌

飯食訖 收衣鉢 洗足已 敷座而坐

이와 같이 나는 들었다.[6] 한때 부처님께서 사위[7]국 기수급고 독원[8]에서 비구[9] 천이백오십 인[10]과 함께 계셨다. 이때 세존께서는 공양 때가 되어 가사를 걸치시고[11] 발우를 들고 사위대성에 들어가셨다. 그 성안에서 차례로[12] 걸식[13]을 마치고 처소로 돌아

---

6 아난다(다문제일). 대승경전에서는 경전의 권위가 아난다에게 가탁된 것이다.
7 중부 인도 코살라국의 중심.
8 기원정사라 불리는데 마가다국 왕사성의 죽림정사와 더불어 부처님이 가장 많이 머무신 곳이다. 부처님은 성도 이후 45번의 안거 가운데 25번의 안거를 사위성에서 보냈고, 그중 19번의 안거를 기원정사에서 보내셨다고 전한다.
9 불교에 귀의하여 구족계(비구 250계)를 받은 자.
10 부처님이 위없이 바르고 원만한 깨달음을 얻은 이후 출가 제자의 숫자를 말한다. 『과거현재인과경』(大正藏3, 620)에 따르면, 미가다야에서 직접 제도한 첫 번째 제자 오비구, 재가자로 첫 번째 출가자인 야사, 야사의 뒤를 이은 그의 친구들 54명 총 이들 60명에게 전법을 선언한 뒤 마가다국의 우루벨라 촌 가섭 3형제가 이끄는 사화외도 1,000여 명을 교화해 모두 제자로 받아들였다. 이후 사리불과 목건련이 200여 명의 대중과 함께 부처님께 귀의했고, 마하가섭이 부처님의 제자가 되어 성도 후 3년 만에 불교 교단에 수행 공동체로 자리를 잡게 되었다.
11 사의법(四依法) 중 하나. 분소의(시체 덮은 천), 걸식(탁발), 수하좌(나무 아래), 진기약(소 오줌).
12 차제걸이란 분별심을 일으키지 못하도록 한 방편이다. 만약 일곱 집을 돌고도 공양을 받지 못했다면 거기에는 두 가지 이유가 있다. 기근으로 사람들이 굶주리고 있어 그들도 먹을 것이 없을 때거나, 비구들의 수행이 부족해서 대중이 불만을 가지고 공양을 기피하기 때문이다. 첫 번째 경우라면 수행자도 마땅히 대중과 함께 굶어야 하고, 두 번째의 경우에는 자신의 수행을 곰곰이 돌아보고 반성해야 한다.
13 걸식은 탁발이라 하여 무소유의 이상과 겸허한 자아 완성을 위한 수도 행각의 일단이다. 오후에는 먹지 않는 오후불식의 원칙도 있다. 탁발은 단순히 밥을 비는 행위가 아니라 그것을 통해 시주자에게 복을 짓는 기회를 제공해야 한다. 그러므로 탁발할 때는 빈부귀천을 가리지 않아야 하며, 무작위로 일곱 집까지 탁발하도록 했다. 만약 일곱 집을 밥을 빌어서 얻지 못하면 그날의 탁발 행각은 그만두어야 했다. 숫타니파타(Stn. 65)에는 탁발의 자세에 대해 다음과 같이 노래하고 있다. "모든 맛에 탐착하거나 동요하지 않고, 남을 양육하지 않고 집마다 차례로 밥을 빌어 이 집안이나 저 집안에 마음이 매이지 않고, 코뿔소의 뿔처럼 혼자서 걸어가라."

와 공양을 드신 뒤 가사와 발우를 거두고 발을 씻으신 뒤 자리를 펴고 앉으셨다.[14]

해설

부처님은 29세에 출가해 6년 수행 끝에 35세에 깨달음을 얻고 80세에 열반하실 때까지 45년 간 중생을 제도하기 위해 쉼 없이 설법하셨다. 이런 부처님 말씀이 팔만대장경이라는 방대한 내용으로 오늘날까지 전해지고 있다.

부처님이 열반에 드신 뒤 마하가섭의 주도로 부처님의 제자 중 아라한과를 증득한 장로 500명을 왕사성 근처 칠엽굴로 집결 후 부처님의 말씀인 경전을 결집하기로 하였다. 25년간 부처님을

---

14 부처님의 하루 일과를 알아보자. 오전 6시에서 12시까지는 하늘눈으로 세상을 관찰하여 뭇 삶들을 도와주고 탁발하고 대중들에게 설법을 하셨다. 탁발 시간은 오전 9시에서 11시, 그리고 12시에서 오후 6시까지는 대자비삼매에 들어 수행승이나 뭇 삶들의 괴로움을 살피고 그들을 돕거나 오른쪽 옆구리를 바닥에 대고 오후의 수면에 들기도 하고, 일반 사람들을 제도하거나 신도들에게 가르침을 설했다. 초저녁인 오후 6시에서 밤 10시까지는 수행승들이 방문하면 친견을 허락하고 그들과 대화를 나누었다. 그리고 한밤중인 10시에서 새벽 2시까지는 하늘사람이나 악마들과 대화를 나누고 그들을 제도했다. 새벽 2시에서 3시 사이에 경행을 하고, 새벽 3시에서 4시 사이에는 마음챙김을 하며 취침했다. 새벽 4시에서 5시 사이에는 열반에 들어 아라한의 경지에 들었다. 새벽 5시에서 6시 사이에는 대자비삼매에 들어 뭇 삶들의 괴로움을 살펴보았다(초기경전을 통한 종합정리).

시봉한 아난다(다문제일)가 부처님이 하신 말씀을 모두 기억해 읊으면 500명의 장로들이 그 내용이 정확한지 검증하는 방식으로 결집이 진행되었다.

그 경전 결집 자리에서 아난다가 말했다.

"부처님께서 열반에 드시기 전 부처님 말씀을 어떻게 기록해야 할지 여쭈었습니다. 그때 부처님께서 모든 경전은 육사(六事)를 성취하라고 하셨습니다."

육사란, '여시, 아문, 일시, 불, 재, 여대비구'를 말하는데 이 여섯 가지가 합해져 부처님의 설법이 성립되므로 이를 육사성취(六事成就)라 한다.

여시: 이와 같이.

아문: 나는 들었다(아난).

일시: 어느 때, 한때(부처님이 설법하신 시간).

불: 부처님(석가모니 부처님).

재: 장소(법이 설해진 곳: 사위국 기수급고독원).

여대비구: 설법을 듣는 청중, 이러한 대중과 함께(『금강경』에서는 비구 1,250인이라 밝히고 있다).

제이, 선현기청분(수보리가 법을 청하다)
第二, 善現起請分

시 장로수보리 재대중중 즉종좌기 편단우견 우슬착지 합장공경 이백불언

時 長老須菩提 在大衆中 卽從座起 偏袒右肩 右膝着地 合掌恭敬 而白佛言

희유세존 여래 선호념제보살 선부촉제보살 세존 선남자선여인

希有世尊 如來 善護念諸菩薩 善付囑諸菩薩 世尊 善男子善女人

발아뇩다라삼먁삼보리심 응운하주 운하항복기심 불언 선재선재 수보리

發阿耨多羅三藐三菩提心 應云何住 云何降伏其心 佛言 善哉善哉 須菩提

여여소설 여래 선호념제보살 선부촉제보살 여금제청 당위 여설 선남자선여인

如汝所說 如來 善護念諸菩薩 善付囑諸菩薩 汝今諦聽 當爲 汝說 善男子善女人

발아뇩다라삼먁삼보리심 응여시주 여시항복기심 유연 세 존 원요욕문

發阿耨多羅三藐三菩提心 應如是住 如是降伏其心 唯然 世 尊 願樂欲聞

그때 장로[15] 수보리가 대중 가운데 있다가 자리에서 일어나 오른쪽 어깨[16]를 드러내고 오른쪽 무릎을 땅에 꿇으며 합장하고 공경하여 부처님께 여쭈었다.

"희유하십니다. 세존이시여! 여래[17]께서는 모든 보살[18]들을 잘

---

15 대덕(大德), 존자(尊者), 구수(具壽) 등으로 번역한다. 지혜와 공덕이 많고 법랍이 높은 이를 부르는 통칭이다.

16 왼쪽 어깨에 옷을 걸치고 오른쪽 어깨를 드러내는 것. 고대 인도의 예법으로서 원래 상대방에게 자신의 오른팔에 무기가 없음을 보여주기 위한 것이었다. 언제나 오른쪽을 비움으로써 스승께 공경을 표시한다.

17 『금강경』의 설법에서 석가모니 부처님이 자신을 포함한 일반적인 부처님을 호칭할 경우에 여래라는 말로 일컬었다.

18 보살이란 보디사트바(Bodhisattva), 깨달은 중생이란 뜻이다. 즉, 위로는 깨달음을 구하고 아래로는 중생을 제도(上求菩提 下化衆生)하는 대승불교의 수행자를 말한다. 초기불교에서는 중생을 제도하는 수행자라는 개념이 없으므로 다만 모든 번뇌를 끊고 다시는 생사의 세계에 윤회하지 않는 아라한이 수행의 최고 목표다.

보살피시며 모든 보살을 잘 부촉하십니다. 세존이시여! 아뇩다라삼먁삼보리심[19]을 발한 선남자·선여인[20]은 마땅히 어떻게 머물며 어떻게 그 마음을 항복받아야 합니까?"[21]

부처님께서 말씀하셨다.

"갸륵하고 갸륵하다, 수보리야! 그대의 말과 같이 여래는 모든 보살을 잘 두호하여 생각하고 모든 보살을 잘 부촉하나니, 이제 자세히 들어라. 마땅히 그대를 위해 말하리라. 아뇩다라삼먁삼보리심을 발한 선남자, 선여인은 마땅히 이와 같이 머무르며 이와 같이 그 마음을 항복받느니라."

---

19 아뇩다라삼먁삼보리는 '무상정등정각'으로 '모든 진리를 깨친 더할 나위 없는 지혜'를 말한다. 수보리의 이 질문에 부처님의 답변으로 『금강경』의 설법이 시작된다.

20 선남자·선녀인은 좋은 집안의 아들, 좋은 집안의 딸을 뜻한다. 한역에서는 일반적으로 선남자·선녀인으로 번역하는데 아뇩다라삼먁삼보리를 발한 선남자 선여인은 과거로부터 구도심을 일으켜 열심히 마음을 닦는 공부를 해온 사람을 말한다. 가장 높고 보편타당한 진리인 무상정등정각을 얻고자 하는 마음이 보리심이다. 혹 세상에서 큰 죄를 지었다 해도 지금 이 순간 진리의 삶으로 나아가리라고 한 마음 돌이킨 사람이라면 누구나 다 선남자 선여인인 것이다.

21 수보리의 첫 물음은 마음에 관한 것이다. 과연 마음이란 무엇일까? 마음은 삼라만상을 짓기도 하고 허물기도 한다. 번뇌·망상을 일으켜 스스로 지옥 같은 고통에 빠졌다가도 바로 순간 재물욕, 성욕, 식욕, 명예욕, 수면욕과 같은 오욕락에 젖어버리기도 하는 것이 사람 마음이다. 분노와 짜증으로 독한 마음을 내면 아수라가 되기도 하고, 청정한 마음을 내면 수행자가 되기도 한다. 자비심을 내어 고통받는 중생을 살피면 보살이 되기도 하고, 한 마음 깨달으면 부처가 되기도 한다. 이렇게 순간순간 바뀌는 이 마음의 변화는 모두 육근(눈·귀·코·혀·몸·뜻)의 경계에 따라 일어나는 것이다. 따라서 최상의 깨달음을 얻고자 하는 선남자 선여인이라면 다른 무엇보다 자기 마음을 어떻게 머무르고 어떻게 다스려야 할지 숙고해야 한다.

"예, 그렇습니다.[22] 세존이시여! 원컨대 즐겁게 듣고자 하나이다."

해설

선현이 법을 청했다. 여기서 선현[23]이란 수보리를 번역한 말이다. 그때 지혜와 덕이 높고 나이가 많은 수보리가 대중 가운데 있다가 바로 자리에서 일어나 오른쪽 어깨의 옷을 걷어내려[24] 단정히 하고, 오른쪽 무릎을 땅에 꿇은 후 합장하여 공경한 후 부

---

22 유연(唯然)은 "예, 그렇게 하겠습니다"라는 대답이다. 유(唯)는 '예'라는 뜻으로 듣기를 정말 좋아하는 마음 자세로 법문 듣기를 원한다는 뜻이다.

23 수보리(해공제일)를 말함. 수보리가 일어나 부처님께 법을 청했다. 수보리를 해공제일이라 칭한 이유는 온갖 법의 공한 이치를 잘 알고 있었기 때문이다. 또한 수보리를 장로라 칭한 이유는 배움이 크고, 나이가 많으며 덕이 높은 비구였기에 높여 이른 말이다. 수보리는 부처님께 기수급고독원을 지어 바친 수닷타장자의 조카이다. 그는 기수급고독원이 완성되어 열린 첫 법회에서 부처님의 말씀을 듣고는 크게 감동받아 그 자리에서 출가를 결심하고 부처님의 제자가 되었다고 한다. 수보리가 주인공으로 등장하는 것으로 보아 『금강경』에서 공의 이치가 주된 내용임을 짐작할 수 있다.

24 편단우견은 스님들이 가사를 입을 때 매듭을 왼쪽 어깨에 걸쳐놓고 오른쪽 어깨를 드러내는 것을 말한다. 인도 사회에서는 전통적으로 계약을 하거나 고백할 때 이런 자세를 취하여 그 마음이 진실하다는 것을 나타내 보인다. 수보리는 법을 듣고자 하는 간곡한 마음으로 법을 청하고 듣기 위해 편단우견을 취한 것이다. 『대지도론』에 의하면, "설법을 듣는 사람은 자세를 단정히 해야 한다. 마치 목마른 사람이 물을 마시고자 하는 마음이어야 한다. 일심으로 말의 의미 속에 들어가라. 그런 뒤에 기쁜 마음으로 법을 듣고 감격해야 한다. 이런 사람이라야 가히 그를 위해서 법을 설할 수 있으리라."

처님께 여쭈었다. "참으로 거룩하십니다." 부처님이시여! 부처님께서는 모든 보살들을 잘 보살피시고 모든 보살들에게 잘 당부하여 위촉해주십니다. 부처님이시여! 선남자·선여인이 아뇩다라삼먁삼보리의 마음을 일으키면 어떻게 그 마음을 닦고, 또 어떻게 그 마음을 다스려야 합니까?

부처님께서 말씀하셨다. 옳다, 옳다. 수보리야! 네 말과 같이 여래는 모든 보살들을 잘 보살피고 보살들에게 잘 당부하여 위촉하였다. 너는 이제 잘 들어라. 마땅히 너를 위해 일러주겠다.

선남자·선여인이 아뇩다라삼먁삼보리의 마음을 일으키면 마땅히 이와 같이 마음을 닦고 이와 같이 그 마음을 다스려야 하느니라. 부처님이시여! 바라옵건대 기꺼이 그 말씀을 듣고자 합니다.

제삼, 대승정종분(대승의 바른 가르침)
第三, 大乘正宗分

불고 수보리 제보살마하살 응여시항복기심 소유일체중생 지류 약난생

佛告 須菩提 諸菩薩摩訶薩 應如是降伏其心 所有一切衆生 之類 若卵生

약태생 약습생 약화생 약유색 약무색 약유상 약무상 약비유상 비무상

若胎生 若濕生 若化生 若有色 若無色 若有想 若無想 若非有想 非無想

아개영입 무여열반 이멸도지 여시멸도 무량무수무변중생 실무중생 득멸도자

我皆令入 無餘涅槃 而滅度之 如是滅度 無量無數無邊衆生 實無衆生 得滅度者

하이고 수보리 약보살 유아상인상중생상수자상 즉비보살

何以故 須菩提 若菩薩 有我相人相衆生相壽者相 卽非菩薩

부처님께서 수보리에게 말씀하셨다.

"모든 보살마하살은 이와 같이 그 마음을 항복받아야 한다. 존재하는 모든 중생의 종류, 즉 알로 나는 것, 태로 나는 것, 습기로 나는 것, 화하여 나는 것, 빛이 있는 것, 빛이 없는 것, 생각이 있는 것, 생각이 없는 것, 생각이 있는 것도 아니고 생각이 없는 것도 아닌 것을 내가 다 완전한 열반에 들게 제도하리라. 이와 같이 한량이 없고 수가 없고 가없는 중생을 제도하되 실로 제도받은 자가 하나도 없다. 왜냐하면 수보리야! 만일 보살이 아상, 인상, 중생상, 수자상이 있다면 그는 보살이 아니기 때문이다."

해설

답답한 우리의 삶의 문제를 어떻게 해결할 수 있겠습니까 하고 수보리가 부처님께 묻자 다음과 같이 말씀하셨다. "모든 중생을 내가 다 제도하겠다는 마음을 내라." '아개영입 무여열반 이멸도²⁵지'에서의 '아(我)'는 '발보리심'한 보살을 말한다. 즉, 모든 괴로움에서 완전히 벗어나고자 하는 사람은 일체중생을 열반에 들게 하여 하나도 남김없이 제도해 마치겠다는 마음을 먼저 내라는 말이다.

열반이란, 모든 번뇌가 사라지고 일체의 속박에서 벗어난 상태를 말한다. 즉, 진리를 깨달아 불생불멸의 법을 체득한 경지를 말한다. 불교의 최고 이상으로 니르바나, 닙바나, 멸도라고 번역한다. 이러한 열반을 다시 유여열반과 무여열반으로 나눈다. 깨달음을 얻어 일체의 번뇌는 끊었으나 과거의 업보로 받은 이 몸이 멸하지 않는 한 이런저런 과보를 받고 있는 상태를 유여열반이라 하고, 모든 번뇌를 끊고 분별을 떠났을 뿐 아니라 완전한 고요 적정에 든 경지를 무여열반이라 한다.

고통에서 몸부림치다가 이제야 내 인생의 주인이 되어보려고 하는 이에게 부처님은 "베푸는 마음을 내라, 주는 마음을 내라, 그러면 완전한 행복, 완전한 자유에 이를 수 있다"라고 말씀하셨다. 더 나아가 나와 같은 사람뿐 아니라 난생, 태생, 습생, 화생, 유색, 무색, 유상, 무상, 비유상비무상(구류중생)의 모든 중생을 다 제도하라 하셨다. 불교에서는 일체중생을 태어나는 방식에

---

25 멸도(滅度)라는 말은 교화한다, 제도한다는 뜻이다. 무여열반(無餘涅槃)으로 제도한다는 것은 모든 미혹과 번뇌를 다 끊고 삶과 죽음을 초월하여 불생불멸의 도리를 증득한 해탈의 경지를 뜻한다. 삼독의 번뇌가 다 사라진 상태로 이해해야 할 것이다.

따라, 육신의 존재 여부에 따라, 생각의 유무에 따라 구분 지어 분류한다. 태어나는 방식으로는 알에서 깨어나는 난생, 부모의 태에서 비롯되는 태생, 습기로부터 나오는 습생, 부모의 몸체에서 분열되어 번식하는 화생 이렇게 네 가지로 분류한다. 또 육신의 존재 여부를 기준으로 유색과 무색으로 나눈다. 가령 지옥 중생의 경우는 육신은 없고 정신작용만 존재하는 무색에 해당하는 존재이다. 또 정신작용을 기준으로 유상(생각이 있는 생명)과 무상(생각이 없는 생명), 비유상비무상(생각이 있기도 하고 혹은 생각이 없기도 한 생명)의 세 가지로 구분한다.

태, 알, 습기에 의존하여 생계하는 것은 각각 한역하여 태생, 난생, 습생이라 하며 마지막은 화생이다. 초기경전(MN. I. 73)에서 부처님은 다음과 같이 말씀하셨다. "사리불이여, 이러한 네 갈래로 태어남이 있다. 네 갈래란 어떠한 것인가. 난생, 태생, 습생, 화생이다. 사리불이여, 난생이란 어떠한 것인가? 사리불이여, 생명체가 그 껍질을 깨고 태어나면 이것을 난생이라 한다. 사리불이여, 태생이란 어떠한 것인가? 사리불이여, 생명체가 태의 막을 까고 태어나면 이것을 태생이라 한다. 사리불이여, 습생이란 어떠한 것인가? 사리불이여, 생명체가 썩은 물고기, 부패한 시체, 부패한 굳은 우유에서나 물웅덩이나 연못에서 태어나면 이것을 습생이라 한다. 사리불이여, 화생이란 어떠한 것인가? 사리불이여, 신들이나 지옥의 뭇 삶들이나 특수한 인간이나 특수한 타락

한 영혼들이 생겨나는데, 사리불이여, 이것을 마음에서 홀연히 생겨나는 화생이라고 한다." 『구사론』에서는 아귀에는 태생과 화생이 있으며, 축생에는 태생과 난생과 습생인 것이 있다고 되어 있다. 중음신은 화생이다.

상(相)이란 나다, 너다, 깨끗하다, 더럽다, 좋다, 나쁘다 등등 마음에서 일으켜 모양 지은 관념을 말한다. 생각으로 지었지만 마치 실재하는 것처럼 모양을 만들었기 때문이다.

더러움과 깨끗함, 선과 악 등의 구별은 다 한 생각 일으켜 모양을 지은 것이다. 흔히 뱀을 보고 징그럽다 하고 돼지를 보고 더럽다 하지만 실제로 뱀이나 돼지가 그런 성질을 가진 건 아니다. 내가 한 생각을 일으켜 그런 식의 고정관념을 만들어놓고 마치 그 존재가 정말 그런 것인 양 착각하는 것이다.

그래서 '이와 같이 한량이 없고 수가 없고, 가없는 중생을 제도'하더라도 '내가 중생을 제도했다'라는 생각을 하면 이미 '나라고 하는 상, '너'라고 하는 상, '제도하는 자가 있다'라는 상, '제도를 받을 대상이 있다'라는 상, '제도를 해야 한다'라는 상을 들어 밝혔다. 따라서 이런 상이 있는 한, 보살이라고 말할 수 없다. 상이 허망한 줄 알고 상을 여읠 줄 알아야 보살이라 말할 수 있다.

아상은 남과 구분된 나라는 존재를 고집하고 모든 것을 내 중심으로 생각하는 것을 말한다. 아상으로부터 다시 두 가지 망상이 일어난다. 내 것이라는 소유의식(아소)과 내 생각이 옳다는 고집(아집)이다. 내 것이라는 소유의식은 탐욕을 불러일으키고, 내 생각이 옳다는 고집은 분노를 일으킨다.

자아에 대한 개념을 아상이라 한다면 영혼에 대한 개념을 인상, 존재에 대한 개념을 중생상, 생명에 대한 개념을 수자상이라 말한다.

다른 한편으로는 상의 범위를 구분 짓는 경계에 따라서 나와 너를 구별하는 아상, 인간과 비인간을 구별하는 인상, 생명과 뭇 생명을 구별하는 중생상, 존재와 비존재를 구별하는 수자상으로 분류하기도 한다. 그러나 그것을 무엇이라 부르든 다른 것과 구별되고 변하지 않는 어떤 존재를 상정한다면 그것은 모두 상이 된다. 실제 세계에는 다른 것과 구별되며 변하지 않는 그 어떤 존재도 실재하지 않는다. 어떤 식으로 구별하든 그것은 다 생각이 만들어낸 하나의 상일 뿐이다.

제사, 묘행무주분(걸림 없이 베푸는 삶)
第四, 妙行無住分

부차 수보리 보살 어법 응무소주 행어보시 소위부주색보시
復次 須菩提 菩薩 於法 應無所住 行於布施 所謂不住色布施

부주성향미촉법보시 수보리 보살 응여시보시 부주어상 하이고
不住聲香味觸法布施 須菩提 菩薩 應如是布施 不住於相 何以故

약보살 부주상보시 기복덕 불가사량 수보리 어의운하 동방허공
若菩薩 不住相布施 其福德 不可思量 須菩提 於意云何 東方虛空

가사량부 불야 세존 수보리 남서북방 사유상하허공 가사량부
可思量不 不也 世尊 須菩提 南西北方 四維上下虛空 可思量不

불야 세존 수보리 보살 무주상보시복덕 역부여시 불가사량

不也 世尊 須菩提 菩薩 無住相布施福德 亦復如是 不可思量

수보리 보살 단응여소교주

須菩提 菩薩 但應如所敎住

"또한 수보리야! 보살은 법에 머문 바 없이 보시를 행할지니, 이른바 색에 머물지 않고 보시하며, 소리와 향기와 맛과 감촉과 법에 머물러 보시하지 않느니라.[26] 수보리야! 보살은 마땅히 이렇게 보시하되 상에 머물지 않는다. 왜냐하면 만일 보살이 상에 머물지 않고 보시하면[27] 그 복덕이 헤아릴 수 없기 때문이다. 수보

---

26 '눈에 보이고 귀에 들리고 코로 냄새 맡아지고 혀에 맛이 느껴지고 손으로 만져지는 것들에 집착해서 보시하지 마라.' 수보리는 스승의 벼락같은 깨우침에 자신이 또 상에 집착했음을 깨닫는다. 제4장이 이렇게 시작된다. 보시는 자비심으로 남에게 아무 조건 없이 재물이나 불법을 베푸는 것을 말한다. 보살이 열반에 이르기 위해서는 여섯 가지 덕목을 실천해야 하는데, 이를 육바라밀이라고 한다. 바라밀이란 태어나고 죽는 현실의 괴로움에서 번뇌와 고통이 없는 경지인 피안으로 건넌다는 뜻으로 열반에 이르고자 하는 보살 수행을 말한다. 육바라밀은 보시바라밀, 인욕바라밀, 지계바라밀, 정진바라밀, 선정바라밀, 지혜바라밀을 이른다. 부처님이 강조하는 바는 '보시를 행하되 집착 없이, 머문 바 없이 하라'라는 것이다. 『금강경』에서의 보시는 『대품반야경』에서 언급하고 있는 육바라밀을 말하는 것이다.

27 상(相)에 집착한 보시로 구하는 복은 유루복(有漏福)에 불과하다. 유루복은 저축한 돈과 같아서 다 쓰고 나면 사라지는 복이다. 상에 집착하지 않고 베풀어 얻는 복은 영원히 사라지지 않는 무루복(無漏福)이다. 무주상보시(無住相布施)는 자신이 베풀었다는 상이 남지 않는다. 만약 내가 베푼 보시에 대한 보답이 생기면 그것으로 다시 새로운 보살행을 하면 되고, 또 아무런 보답이 없어도 상처나 아쉬움 없이 그것으로 그만이다. 지각의 대상으로서 육경에 의존하여 보시해서는 안 된다. 법에는 여러 가지 의미가 있지만, 여기에서는 정신적인 대상을 말한다. 여기서는 감각적인 쾌락의 대상에 의존하여 보시를 해서는 안 된다는 것을 강조하기 위해 육경을 도입한 것이다. 육경에 대한 초기경전(SN. IV. 157~158)의 가르침을 살펴보면 알 수 있다.

리야! 그대는 어떻게 생각하느냐? 동쪽 허공을 가히 생각하여 헤아릴 수 있겠는가?"

"없습니다. 세존이시여!"

"수보리야! 남서북방 사유상하 허공을 가히 생각하여 헤아릴 수 있겠느냐?"

"없습니다. 세존이시여!"

"수보리야! 보살이 상에 머물지 않고 보시하는 복덕 또한 이와 같아서 가히 생각하여 헤아릴 수 없다. 수보리야! 보살은 응당히 가르친 바와 같이 머물지니라."

해설

수보리야! 보살은 마땅히 법에 집착하지 말고 보시를 해야 한다. 이른바 물질에 집착하지 말고 보시를 해야 하며 소리, 냄새, 맛, 촉감과 법에도 집착하지 말고 보시를 해야 한다. 보시는 재시, 법시 및 무외시가 있다. 재시(財布施)는 자비심으로 다른 이에게 조건 없이 물건을 주는 것을 말하며, 법시(法布施)는 다른 이에게 교법을 전하여 선근을 자라게 하는 것을 말한다. 또한 무외시(無畏施)는 계율을 지녀 남을 해치지 않고 두려워하는 마음이 없게 하여 평안하게 해주는 것을 말한다.

수보리야! 보살은 마땅히 이와 같이 보시하여 형상에 집착하지 말아야 한다. 왜냐하면 만약 보살이 형상에 집착하지 않고 보시하면 그 복덕은 생각으로 헤아릴 수 없을 만큼 많다.

부처님은 다시 수보리에게 물었다. 동쪽 하늘의 허공이 얼마나 큰지 헤아릴 수 있겠느냐? "헤아릴 수 없습니다. 부처님이시여." 그렇다면 수보리야! 남서북, 서북, 서남, 동북, 동남과 상하의 허공을 헤아릴 수 있겠느냐? "헤아릴 수 없습니다. 부처님이시여."

이렇듯 보살이 형상에 집착하지 않고 보시하는 복덕 또한 헤아릴 수 없이 많다. 따라서 수보리야! 보살은 당연히 내가 가르친 바와 같이 보시를 행해야 한다.

상을 내지 않고 보시하면 동방·서방·남방·북방·사유간방의 허공과 같이 상상할 수 없는 복덕을 받는다고 한다. 사유(四維)는 서북간 동남간 등 간방을 합해서 팔방이고, 상하(上下)를 더해 시방(十方)이 된다. 그 어느 쪽을 달린다 하더라도 그 끝이 없어 헤아릴 수 없는 것처럼 복덕도 마찬가지인 것이다.

보시에 대하여, 조계종 종정을 지낸 서암 스님의 젊은 날 수행에 대한 이야기이다. 어느 날 스님이 거지 움막에 들어가 탁발하려 목탁을 치니 움막에 있던 거지들이 쭈뼛대며 난감해했다. 아무리 남에게 얻어먹고 사는 거지라도 수행승이 와서 탁발을 하니 무엇이든 내주고 싶기는 한데, 막상 시주하기에 마땅한 음식이 없었기 때문이다. 먹고 있던 밥밖에 없다고 하니 스님은 그거라도 달라고 하였다. 스님이 본인들이 먹던 음식을 받아먹으니 그렇게 좋아할 수가 없었다고 한다. 동냥 음식을 거리낌 없이 받아먹는 스님이 고마워서 밥을 내주면서도 조금도 아까운 줄을 몰랐다. 오히려 자기들에게 무언가를 베풀 수 있게 해준 스님께 고마웠다고 한다.

베푸는 마음을 내는 것이 행복으로 가는 길이다. 행복해지고 싶으면 사랑받으려 하지 말고, 사랑하는 사람이 되어야 하고 이해받으려 하지 말고 이해하는 사람이 되어야 한다. 도움받으려 하지 말고, 도움 주는 사람이 되어야 한다. 보살핌을 받으려 하지 말고, 보살펴주는 사람이 되어야 한다. 그것이 흔들리지 않는 행복으로 나아가는 길이다.

제오, 여리실견분(여래를 보다)
第五, 如理實見分

수보리 어의운하 가이신상 견여래부 불야 세존 불가이신상

須菩提 於意云何 可以身相 見如來不 不也 世尊 不可以身相

득견여래 하이고 여래 소설신상 즉비신상 불고 수보리

得見如來 何以故 如來 所說身相 即非身相 佛告 須菩提

범소유상 개시허망 약견제상비상 즉견여래

凡所有相 皆是虛妄 若見諸相非相 即見如來

"수보리야! 그대는 어떻게 생각하느냐? 육신(몸·형상)[28]으로 여래를 볼 수 있겠느냐?"

"없습니다. 세존이시여! 육신(몸·형상)으로 여래를 볼 수 없습

---

28 여기서는 부처님의 외형적인 특징, 즉 상호를 의미한다. 부처님에게만 있고 범부에게는 없는 외형적 특징으로는 서른두 가지의 일반적인 외형적 특징과 여든 가지의 세부적인 외형적 특징이 있는데 합해서 상호라고 한다. 그러나 『금강경』의 본문에서는 서른두 가지의 외형적 특징만을 문제 삼고 있다. 하지만 이 주석에서 말한 여든 가지의 특징은 외형적인 것이 아닌, 중생의 근기에 맞는 법을 설하는 것 등의 정신적인 특징도 포함된다.

니다. 왜냐하면 여래께서 말씀하신 육신(몸·형상)은 육신(몸·형상)이 아니기 때문입니다."[29]

부처님께서 수보리에게 말씀하셨습니다.

"무릇 형상이 있는 바는 다 허망하니 만일 모든 형상을 형상이 아닌 것으로 본다면 곧 여래를 보리라."[30]

해설

여리실견(如理實見)은 이치와 같이 '실답게 본다' 또는 진리를 왜곡하지 않고 '사실대로 본다'라는 뜻이다. 제5장은 "진리 그 자체로서의 여래를 육신의 모습으로 볼 수 있겠는가? 모든 형상이란 다 실체가 없이 허망한 것, 그 모든 현상들을 볼 때 이미 형상으로 보이지 않는다면 그는 진리인 여래를 볼 수 있으리라"라는 내용이다.

---

[29] 즉비신상(卽非身相)에 대해 '여래의 몸은 여래의 모습이 아니다'라 하였다. 즉비라는 말은 『금강경』에서 자주 등장하는 단어다. "몸의 모습은 곧 몸의 모습이 아니다. 그러므로 몸의 모습이라 부른다"라는 것이 즉비의 논리이다. 선어 가운데 "산은 산이고, 물은 물이다. 산은 산이 아니고, 물은 물이 아니다. 그러므로 산은 산이고, 물은 물이다" 역시 즉비의 차원이다. 첫 문장은 상식적인 차원, 두 번째 문장은 절대 부정적인 차원, 세 번째 문장은 절대 긍정적인 차원이다. 부처님에 대해서도 이런 안목으로 이해해야 할 것이다.

[30] 『금강경』제1 사구게이다.

보시를 해도 내 것이 아니고 보시를 받아도 남의 것을 받는 게 아니라면, 복을 짓는 일이란 없는 게 아닌가. 아무런 보시도 행한 바 없고 어떤 과보도 받을 바가 없다면, 대체 무슨 인연으로 부처님은 저 거룩한 몸을 받으셨을까.

부처님은 과거생으로부터 무량한 공덕을 지으셨는데 이제 복이라 부를 게 없다 하시니 과거생에 부처님이 지으신 공덕은 복덕일 것이다.

부처님은 수보리의 이런 마음을 헤아리고 다시 묻는다. 육신으로 부처를 보았다 할 수 있겠느냐? 그대가 보고 있는 이 몸이 정말 부처이냐? 그러자 수보리는 깜짝 놀라 정신을 차린다. 그리고 부처는 육신이 아니라 깨달음의 지혜임을 되새긴다.

『대반열반경』에 의하면, 부처님께서 열반에 드시는 순간까지 이 점을 강조하신다. 아난다가 부처님께서 열반에 드시려 하자 슬퍼하며 묻기를, "부처님께서 열반에 드시면 이제 저희는 누구를 의지하며 살아야 합니까?"

그러자 부처님께서 말씀하시길, "아난다여, 울지 마라. 여래는 육신이 아니라 깨달음의 지혜이다. 육신은 그대 곁을 떠나지만 깨달음의 지혜는 영원히 곁에 남아 있을 것이다."

깨달음을 얻어 마음의 문이 열릴 때 우리는 부처님과 함께 있다. 설령 살아 있는 부처의 몸과 함께 있다 할지라도 스스로 깨닫지 못한다면 그것은 진실로 부처와 함께 있는 것이 아니기 때문이다.

육신은 무상하여 시시각각 멸해간다. 육신을 부처라고 여기지 말라는 부처님의 가르침은 경전에 많이 나온다. '범소유상 개시허망 약견제상비상 즉견여래(凡所有相 皆是虛妄 若見諸相非相 卽見如來).' 모든 상에는 고정된 실체가 없으므로 상에 대한 집착을 버릴 때 비로소 세상의 참모습을 보고 자유로운 삶을 살아갈 수 있게 된다. 개시허망이란 상이 있는 것은 다 허망하다는 것으로, 허망은 인간의 감정이 아닌 상이 물거품과 같아 거짓되고 망령된 것이란 뜻이다. 따라서 상이 있는 것은 모두 허깨비 같고 꿈과 같고 아지랑이 같다고 말한다.

『금강경』에 '상'이란 단어가 많이 나온다. 아상, 인상, 중생상, 수자상, 무주상보시 등 나오는 '상' 자를 보면 그 의미는 조금씩 다르다. 산스크리트어 원본에 각각 다른 상(相, 想)의 낱말로 쓰여 있는 것을 구마라습이 번역하면서 모두 '모양, 상(相)'으로 정리한 것이다.

제3장의 상은 생각이라는 뜻이고, 제5장의 상은 몸의 특징에서부터 기대감이나 고정관념까지의 넓은 개념이다.

인간은 누구나 존엄한 존재다. 그러므로 내가 어떻게 태어났든, 어떠한 몸을 가졌든, 남자든 여자든, 피부 빛이 어떻든 그대로 존중되어야 한다. 따라서 누구나 부처가 될 수 있다. 형상이 있는 것은 모두 다 허망하다. 그러므로 몸의 형상으로는 결코 여래를 볼 수 없다.

제육, 정신희유분(바른 믿음)
第六, 正信希有分

수보리 백불언 세존 파유중생 득문여시언설장구 생실신부 불고 수보리

須菩提 白佛言 世尊 頗有衆生 得聞如是言說章句 生實信不 佛告 須菩提

막작시설 여래멸후 후오백세 유지계수복자 어차장구 능생 신심 이차위실

莫作是說 如來滅後 後五百歲 有持戒修福者 於此章句 能生 信心 以此爲實

당지시인 불어일불이불삼사오불 이종선근 이어무량천만불소 종제선근

當知是人 不於一佛二佛三四五佛 而種善根 已於無量千萬佛 所 種諸善根

문시장구 내지 일념 생정신자

聞是章句 乃至 一念 生淨信者

수보리 여래 실지실견 시제중생 득여시 무량복덕 하이고 시제중생

須菩提 如來 悉知悉見 是諸衆生 得如是 無量福德 何以故 是諸衆生

무부아상인상중생상수자상 무법상 역무비법상 하이고 시제중생 약심취상

無復我相人相衆生相壽者相 無法相 亦無非法相 何以故 是諸衆生 若心取相

즉위착아인중생수자 약취법상 즉착아인중생수자 하이고 약취비법상

卽爲着我人衆生壽者 若取法相 卽着我人衆生壽者 何以故 若取非法相

즉착아인중생수자 시고 불응취법 불응취비법 이시의고 여래상설 여등비구

卽着我人衆生壽者 是故 不應取法 不應取非法 以是義故 如來常說 汝等比丘

지아설법 여벌유자 법상응사 하황비법
知我說法 如筏喩者 法尙應捨 何況比法

수보리가 부처님께 여쭈었다.

"세존이시여! 중생들이 이와 같은 말씀과 문장과 글귀를 듣고 실다운 믿음을 내겠습니까?"[31]

부처님께서 수보리에게 말씀하셨다.[32]

---

31 사람은 신적인 존재에 대해 의지할 때 마음이 편해진다고 한다. 그런데 부처님은 세상 모든 것, 심지어는 부처님 자신에게 의지하는 것조차 버려야만 완전한 자유와 행복이 찾아온다고 말씀하신다. 관념이든 형상이든 의지하던 모든 것들을 깨뜨리라는 부처님의 말씀에 수보리는 과연 사람들이 알아들을지 걱정이 되었던 것이다(사찰과 스님을 이용한 기도 성취, 사업 성취 등등의 얘기가 여기에 해당됨). '법문에 귀를 기울일 때 첫째, 법문에 대한 믿음. 둘째, 그것에 대한 기쁨. 셋째, 경전의 의미를 이해. 넷째, 올바로 가르쳐진 것에 대한 파악이라는 이유로 진실에 대한 자각이 그들 보살들에게 있는 것이다.' 하지만 부처님은 수보리의 이러한 걱정을 한 번에 알아차리시고 말씀하셨다.

32 후오백세에 대한 해석은 여러 가지이다. 먼저 전통적인 해석은 부처님 법이 전파된 뒤 세상이 변하는 과정을 500년 단위로 구분하는 방법이다. 이 방법에 따르면 부처님 이후 지금까지의 2,500년을 다섯 시기로 나눴다. ① 제1 오백 년은 부처님 열반 이후 500년 동안을 말한다. 이 시기를 '해탈견고시대'라 한다. 흔히 깨달음을 얻으려면 어려운 수행 과정을 거쳐야 한다고 생각하지만 꼭 그렇지만은 않다. 부처님 당시에 살인자 앙굴리말라, 바보였던 주리반특, 유녀 연화색녀가 부처님 설법을 듣고 깨달음을 얻은 것처럼 이 시기에는 스승의 가르침이 있다면 누구나 안목이 열리고 깨달음을 얻을 수 있었다. ② 제2 오백 년은 '선정견고시대'라고 한다. 제1 오백세 시기만큼 쉽게 해탈에 이를 수는 없지만 부처님의 가르침에 따라 부지런히 수행 정진하는 시기이다. ③ 제3 오백 년은 경전을 읽고 외우며 부지런히 교리를 학습하는 사람이 많다고 해서 '다문견고시대'라 한다. 그러나 정작 선정을 닦는 이는 드물고 해탈에 드는 이는 거의 없는 시기이다. ④ 제4 오백 년은 부처님을 믿으면 복이 된다 해서 절을 세우고 탑을 쌓고 갖가지 복을 구하는 불사로 흥청대는 시기이다. 그래서 '탑사견고시대'라 한다. 이때는 불사는 좋아하는데 공부하는 이는 적고 선정을 닦는 이도 찾기 어려워 해탈은 요원해지는 시기이다. ⑤ 제5 오백 년은 불법이 쇠퇴하는 시기이다. 복을 바라는 것일지언정 불사를 하던 수준에서조차 후퇴해 절의 재산을 가지고 싸우며 부

"그런 말을 하지 마라. 여래가 열반에 든 뒤 후오백세에 계를 지니고 복을 닦는 자 있으면[33] 이 문장과 글귀에 능히 믿는 마음

처님 말씀을 팔아 서로 다투고 분열한다. 이때를 '투쟁견고시대'라 하였다. 『금강경』에서 말하는 후오백세는 다섯 번째의 말법 시대를 일컫는다. 그러나 이런 시각과는 다른 입장도 있다. 후오백세는 글자 그대로 부처님 열반 후 500년이 지난 즈음을 말한다고 보는 해석이다. 부처님이 입멸하신 뒤 사오백 년을 분기점으로 소승불교는 형식화되고 변질되었고 그로 말미암아 대승불교가 등장했다. 부처님의 가르침을 해석하는 데 많은 이견이 생기고 교단이 불안정해진 시기이다. 어느 관점에서 보든 후오백세는 사회가 혼탁하고 교단이 붕괴되고 정법을 분간하기 어려운 혼란의 시대이다. '부처님께서 돌아가신 후 오백 년간은 정법 세상에 행해졌고, 가르침과 수행과 깨달음의 셋이 존재했던 시기이고, 다음의 오백 년간은 정법에 유사한 상법이 행해졌고, 가르침과 수행은 있으나 깨달음은 없는 시기이고, 그 이후는 말법의 시대로서 가르침은 있으나 수행도 깨달음도 없는 법멸의 시대가 온다고 말했다.'

33 수보리가 후세에도 부처님의 말씀을 전해 듣고 실다운 믿음을 내는 사람이 있겠느냐고 걱정하자 부처님은 정법이 사라진 말법 시대라도 계를 지니고 복을 닦는 사람이라면 가능하다고 대답하셨다. '계를 지니고 복을 닦는다' 할 때의 복은 재물이나 권력, 명예나 건강 같은 세속적인 복이 아니다. 부처님이 말씀하시는 복은 인과법칙을 잘 믿고 잘 알아서 복을 짓고, 복을 받는 자를 말씀하셨다. 나아가 구하는 바가 없으니 부족함이 없고, 내가 옳다는 한 생각을 버림으로써 증오와 미움이 사라진 마음에서 오는 복을 말한다. 그러므로 계를 지니고 복을 닦는 자는 진리를 따라 인생의 주인 되는 길을 가는 사람을 말한다. 복을 닦기 위한 첫걸음이 악을 멀리하고 선을 닦는 지악수선의 삶이다. 그렇다면 악을 멀리한다는 것은 무엇을 말하는 것일까? 첫째, 생명을 가진 존재는 그 누구라도 죽기를 싫어하고 살기를 원하므로 함부로 살생을 하지 말아야 한다. 둘째, 누구나 자기 물건을 잃어버리면 괴로워하므로 상대가 주지 않은 물건을 가지지 말아야 한다. 셋째, 누구나 원하지 않는 성적 행위를 강요받으면 괴로워하므로 삿된 음행을 하지 말아야 한다. 넷째, 누구나 남에게 속고 싶어 하지 않으므로 거짓말을 하지 말아야 한다. 다섯째, 맑은 정신으로 살아가려면 술이나 마약 같은 중독성 물질에 중독되지 말아야 한다. 이것이 부처님이 말씀하신 오계이다. 그리고 마땅히 행해야 하는 선은 무엇인가? 살생을 피하는 데서 그치지 않고 뭇 생명을 살려주어야 한다. 배고픈 이에게 먹을 것을 주고, 병든 이에게 약을 주고, 배우지 못한 아이들을 가르치는 일 등이 생명을 살리는 일이다. 도둑질하지 않는 데서 그치지 않고 어려운 사람에게 보시하는 일, 삿된 음행을 하지 않는 데서 그치지 않고 몸과 마음을 청정히 하는 일, 거짓말하지 않는 데서 그치지 않고 진실한 말로 사람들을 깨우치는 일, 술을 먹고 방탕하지 않는 데 그치지 않고 바른 정신문화를 창조하는 일 등이 우리가 마땅히 행해야 할 선행이다. 세상이 혼란해지면 대부분 삼독에 물들어 지옥, 아귀, 축생과 같은 어리석은 인생을 살아간다. 그러나 부처님은 그런 시절에도 바르게 살고자 노력하는 사람이 있어 부처님 말

을 내 이로써 실다움을 삼을 것이니, 마땅히 알라. 이 사람은 한 부처님, 두 부처님, 삼·사·오 부처님에게 선근을 심은 것만이 아니라 저 한량없는 천만 부처님 처소에 이미 모든 선근을 심었으므로 이 문장과 글귀를 들으면 한 생각이라도 청정한 믿음을 낼 것이니라. 수보리야! 여래는 모든 것을 다 알고 다 보나니, 이 모든 중생이 이와 같은 한량없는 복덕을 얻으리라.³⁴ 왜냐하면 이 모든 중생이 다시 아상과 인상과 중생상과 수자상이 없으며 법상이 없으며 또한 법이 아니라는 상도 없기 때문이다. 왜냐하면 만일 이 모든 중생이 마음에 상을 취하면 곧 '나'라고 하는 것과

씀을 듣고 깨달음의 길로 나아가는 사람이 있다며 수보리의 걱정을 덜어주셨던 것이다. 누구라도 한 마음 돌이키면 진리의 길에 들어설 수 있다. 내 본바탕, 근본 자리를 잠시 망각하고 있을 뿐 보살이 되겠다는 원을 세워 세세생생 노력한 끝에 이 세상에 와서 잠시 그 사실을 잊고 있는 것이다. 부처님 말씀처럼 꿈에서 깨어나기만 하면 확연히 본바탕을 찾을 수 있다. 캄캄한 방 안이 밝아지는 것은 한순간이다. 백 년 전에 어두웠든, 어제부터 어두웠든 불빛 하나 밝히면 어둠은 순식간에 사라진다. 이것이 깨달음의 원리이다. 아무리 두터운 업장이라도 불법의 이치에서는 작은 차별조차도 없다. 깨달음에 이르는 길에서는 업의 가볍고 무거움, 수행 시간의 길고 짧음은 문제되지 않는다.

34 나그네는 강을 건너려는데 배도 사공도 보이지 않는다. 어찌해야 하나 궁리하던 차에 뗏목 하나를 발견하고 그 뗏목에 의지해서 강을 건넜다. 무사히 강을 건너고 나니 뗏목이 너무나 소중했다. 나그네는 뗏목을 고이 간직해야겠다는 생각에 뗏목을 머리에 이고 다시 길을 나섰다. 이렇게 부처님은 불법을 뗏목에 비유하셨다. 부처님의 가르침은 모두 깨달음에 이르기 위한 과정일 뿐이다. 강을 건너고 나면 뗏목을 버리고 길을 가야 하듯, 부처님은 불법 역시 집착할 바가 못 된다 말씀하셨다. 법조차 집착하지 말고 놓아버려야 하거늘 법 아닌 것, 내 생각이나 고집, 재물이나 명예, 권력 따위는 말할 것도 없다. 나를 깨달음의 길로 이끌어주신 부처님의 은혜를 부처님께 갚는 것이 아니다. 힘든 사람, 어려운 사람, 괴로운 사람, 병든 이들인 일체중생에게 회향하는 것으로 돌려야 한다. 깨달음이란 자기 속에 있는 모순을 보는 것이다. 전도몽상, 꿈을 꾸는 것처럼 헛되고 어리석은 생각에 빠져 있는 나를 보는 것이다.

'사람'이라 하는 것과 '중생'이라 하는 것과 '수자'라 하는 것에 집착할 것이고, 만일 법이라 하는 상을 취하여도 곧 '아'와 '인'과 '중생'과 '수자에 집착하는 것이기 때문이다. 왜냐하면 만일 법 아니라 하는 상을 취하여도 곧 아·인·중생·수자에 집착하는 것이기 때문이다. 그러므로 마땅히 법을 취하지 말며 법 아닌 것을 취하지도 말아야 한다. 그러한 뜻으로 여래는 항상 말하노니, 너희 비구는 나의 설법을 뗏목에다 비유한 것과 같이 알지니, 법도 응당 버려야 하거늘 하물며 법 아닌 것이랴!"

해설

올바른 믿음을 갖기란 매우 희유한 일이다. 부처님은 모든 것을 다 드러내어 사람들로 하여금 남김없이 알게 하였기에 더욱 어렵고 희유한 일이다. 따라서 정신희유(正信希有)란 '바른 믿음은 아주 귀하다'라는 뜻이다. 불교를 믿는 사람은 많지만 불교를 바르게 믿는 사람은 매우 귀하다. '파(頗)' 자는 '자못, 부족하나마'라는 뜻이고 '득문(得聞)'은 '얻어 듣는다'라는 뜻이다. '장구(章句)'는 '글귀'인데 여기서는 사구게를 뜻한다.

보통 사람들은 상견중생(相見衆生)이라 하여 형상을 봐야 마음을 일으키는 속성을 가졌다고 한다. 그런데 부처님은 "형상을 허망하게 생각하고 형상에서 형상 아닌 것을 봐야 곧 여래를 본다"라고 하시니, 수보리가 이런 부처님의 말씀을 듣고 누가 부처님에 대한 믿음을 내겠느냐며 여쭙는 대목이다.

수보리가 부처님께 여쭈었다. "부처님이시여! 편견을 가진 중생이 이 글귀의 말씀을 듣고 참다운 믿음을 낼 자가 있겠습니까?"

부처님께서 수보리에게 말씀하셨다. 그런 말을 하지 말라. 내가 열반에 이른 지 오백 년 뒤에는 계율을 지키고 복을 닦는 사람들이 있어서 능히 이 글귀에 믿는 마음이 생기고 이를 참답게 여길 것이다.

명심하거라. 이런 사람은 한·두 부처님이나 셋·넷·다섯 부처님에게 착한 일을 한 것이 아니라 이미 한량없이 많은 백·천만의 부처님이 계시는 곳에 온갖 착한 일을 하였으므로 이 글귀를 듣고 전심(全心)으로 깨끗한 믿음이 생기는 것이다.

무량 천만 불소(無量千萬佛所)라 하면 이미 일체가 다 부처님이라고 하는 의미가 포함되어 있다. 따라서 부모, 형제, 남편, 아내 그리고 나와 인연이 있든 없든 일체 모든 부처님이 무량 천만 불소이다. 대승경전의 가르침을 이해하면 모든 사람을 다 부처님으로 생각하고 받들어 섬기라는 것이 대승경전의 뜻이다.

종제선근(種諸善根)은 여러 가지 선근을 심는다는 뜻으로 경전을 읽고, 염불을 외우며, 예배드리고, 사람들을 부처님처럼 받들어 섬기고, 배려하고, 어여삐 여기며, 불쌍히 여기는 것 등이 모두 선근이다. 또한 부처님의 가르침을 한마디라도 더 전해주려고 하는 그 마음도 선근이다.

수보리야! 여래는 이 모든 중생이 이와 같이 한량없는 복덕을 얻는 것을 다 알고 다 본다. 왜냐하면 이 모든 중생은 아상·인상·중생상·수자상에 집착하지 않고 법상 또한 법이 아닌 상에도 집착하지 않기 때문이다. 왜 그런가 하면 이 모든 중생이 만약 마음에 형상을 취하면 이는 곧 아상·인상·중생상·수자상에 집착하기 때문이다.

무슨 까닭인가! 만약 법의 형상에 집착하더라도 곧 아상·인상·중생상·수자상에 집착하게 되며, 또한 법이 아닌 상에 집착하더라도 이는 곧 아상과 인상과 중생상과 수자상에 집착하는 것이기 때문이다.

이런 까닭에 당연히 법에 집착하지 말아야 하며, 법 아닌 것에도 집착하지 말아야 한다. 이러한 뜻인 까닭에 여래는 항상 "반드시 옳은 법을 취하지도 말고, 그른 법을 취하지도 말라", "나의 설법 알기를 뗏목의 비유와 같이 알라"라고 하셨다. 강을 건넜으면 뗏목을 버리고 가듯이 "내 설법은 가차 없이 잊어버리고 앞으로 나가야 된다"라고 말씀하셨다.

제칠, 무득무설분(얻을 것도 설할 것도 없는 진리)
第七, 無得無說分

수보리 어의운하 여래 득아뇩다라삼먁삼보리야 여래유 소설법야

須菩提 於意云何 如來 得阿耨多羅三藐三菩提耶 如來有 所說法耶

수보리언 여아해불소설의 무유정법 명아뇩다라삼먁삼보리

須菩提言 如我解佛所說義 無有定法 名阿耨多羅三藐三菩提

역무유정법 여래가설 하이고 여래소설법 개불가취 불가설

亦無有定法 如來可說 何以故 如來所說法 皆不可取 不可說

비법 비비법 소이자하 일체현성 개이무위법 이유차별

非法 非非法 所以者何 一切賢聖 皆以無爲法 而有差別

"수보리야! 그대는 어떻게 생각하느냐? 여래가 아뇩다라삼먁삼보리[35]를 얻었느냐? 여래가 설한 법이 있느냐?"

수보리가 대답하였습니다.

"제가 부처님께서 말씀하신 뜻을 알기로는 정해진 법이 있음이 없음을 이름하여 아뇩다라삼먁삼보리라 하며, 또한 정해진 법이 있음이 없음을 여래께서 말씀하셨습니다. 왜냐하면 여래가 말씀하신 바 법은 모두 가히 취할 수 없으며[36] 설할 수 없고, 법도 아니며 법 아닌 것도 아니기 때문입니다. 왜냐하면 일체 현성이 다 무위법으로 차별이 있는 까닭입니다."

해설

얻음도 없고, 설함도 없다고 하였다. 실로 참다운 성품과 진리는 본래 텅 비어서 일체 상과 일체 법이 없다. 그래서 얻을 것도 없고 할 말도 없는 것이다. 부처님께서는 팔만대장경을 설하셨으면서도 "설한 것이 없다(無說)"라고 하셨다.

---

35 원만한 깨달음을 말하는 것으로 이것은 초기불교에는 등장하지 않는 개념으로 보아 대승불교를 내세운 『금강경』의 독특한 새로운 선언적인 개념이다.

36 아상(我相)이 있는 자가 어찌 나를 보겠는가(자장율사 이야기).

일체 정해진 법이 없다는 것에 대해 수보리는 다시 의심이 일어났다.

'만일 부처와 법이 다 무상하다면 이것은 부처와 법이 없다는 것이다. 그러면 어떻게 부처님은 아뇩다라삼먁삼보리를 성취하셨는가? 이제 법을 말씀하시면서 법이 없다고 하시는 까닭은 무엇인가?'

부처님은 수보리의 의심을 알아차리고는 물었다.

부처님은 여래가 아뇩다라삼먁삼보리를 얻었다고 생각하는지, 법을 설한 적이 있는지를 물었다. 이 질문을 받고 수보리는 자기가 또 상에 사로잡혔다는 것을 깨달았다. 수보리는 대답하기를, "정한 법이 있음이 없음을 이름하여 아뇩다라삼먁삼보리라 하며, 또한 정한 법이 있음이 없음을 여래께서 말씀하셨습니다."

수보리는 스승의 물음을 통해 무유정법(無有定法)을 확실하게 깨달았다. 무유정법의 정해진 법이 있지 않다는 말은 법이 없다는 뜻도 아니고, 정해진 법이 없으니 아무렇게나 해도 상관없다는 뜻도 아니다. 법 또한 인연 따라 정해지는 것이며, 지금의 인연에 따라 한 법이 정해졌다 해서 그것이 언제 어디에나 통용되는 절대적 진리가 될 수는 없다. 지금 법이 정해진다 해서 '이것이 법이다'라고 할 만한 고정된 법은 없다는 말이다.

이 세상에는 무수히 많은 병이 있고 그 병을 치료하기 위한 처방책 또한 그만큼 많다. 아무리 용한 처방책이라도 그것이 만병통치의 처방책이 되지는 못한다. 여래의 처방책은 무수한 상황과 상태에 따라 제각각이다. 모든 병자에게 똑같은 처방을 주는 의사가 없듯이 부처님 법도 중생의 상황과 근기에 따라 다르다. 최선의 처방이란 병자의 증세에 따라 나오는 것이지 상황과 조건에 상관없이 한 가지로 정해져 있는 게 아니다. 그것이 무유정법, 정해진 법이 있지 않은 도리이다.

무위법(無爲法)이란, '함이 없는 법, 하나의 형상으로 정해지지 않는 법, 찌꺼기가 남지 않는 법, 본래 아무것도 없는 것'을 말한다. 이러한 무위법은 현실의 삶 속에서 인연 따라 갖가지 모습으로 드러난다. 무위란 조건 지어지지 않은 것으로 열반을 말한다. 『청정도론』에서는 무위를 '원인이 없는 것'이라 표현했으며, 초기 경전(제46 무위쌍윳따: SN. IV. 359~373)에는 무위가 무엇을 의미하는지와 '무위에 도달하는 길이 무엇인가'에 대해 다음과 같이 표현한다. '수행승들이여, 무위란 어떠한 것인가? 수행승들이여, 탐욕이 소멸하고 성냄이 소멸하고 어리석음이 소멸하면 그것을 수행승들이여, 무위라 한다. 수행승들이여, 무위로 이끄는 길이란 어떠한 것인가? 여덟 가지 성스러운 길(8정도)이다. 수행승들이여, 이것을 무위로 이끄는 길이라 말한다.' 결국 모든 무위법으로써 온갖 차별을 꾸며서 펼쳐 보였다. 불법은 무위법인데 그것을 가지고 사성제, 팔정도, 십이인연, 육바라밀, 십이처, 십팔계, 이십오유 등 여러 가지 차별된 법을 펼쳤다.

현성은 현인과 성인을 말한다. 현인은 현명한 사람, 성인은 보살을 말한다. 이 세상 사람을 넷으로 분류하면 범부중생, 현인, 성인, 부처로 나눌 수 있다. 범부중생은 마치 쥐가 쥐약을 먹고 물고기가 낚싯밥을 물듯이 제 딴에는 살려고 하는 짓이 죽는 길이 되는 어리석은 행동을 하는 사람을 말한다. 즉, 행복하려고 자기 나름대로 애쓰고 노력한 결과가 불행을 자초한다는 것이다.

현인은 아주 현명한 사람이다. 인연 과보를 분명히 아는 사람을 말한다. 그래서 자기를 해치는 짓은 하지 않는다. 자기에게 이익이 되는 일을 찾아서 하는 사람이라 할 수 있다.

범부중생은 주려는 마음은 없고 얻으려는 마음만 있다. 뭐든지 얻는 것만을 좋아해서 얻는 것으로 기쁨을 삼는다. 그런데 주지는 않고 받기만 할 수 있다는 건 원리적으로 맞지 않는 말이다. 그러니 중생에게는 좋은 일이 소 뒷걸음치다 쥐 잡는 식으로 어쩌다 한 번 일어날 뿐이다. 주지는 않고 받는 것만 탐하는데 그것이 세상 원리로 일어날 수 없으니 범부중생의 인생은 그래서 늘 괴로운 것이다.

그렇다면 부처는 어떤 경지인가. 이 세상에 한 물건도 본래 내 것 네 것이 없다는 것을 증득한 사람이다. 무소유, 무아소(無我所)이므로 더 이상 주고받는다는 생각이 없고 다만 필요에 따라 쓰일 뿐이다.

제팔, 의법출생분(법에 의하여 나온다)
第八, 依法出生分

수보리 어의운하 약인 만삼천대천세계칠보 이용보시 시인 소득복덕

須菩提 於意云何 若人 滿三千大千世界七寶 以用布施 是人 所得福德

영위다부 수보리언 심다 세존 하이고 시복덕 즉비복덕성 시고 여래설복덕다

寧爲多不 須菩提言 甚多 世尊 何以故 是福德 卽非福德性 是故 如來說福德多

약부유인 어차경중 수지내지사구게등 위타인설 기복 승피 하이고 수보리

若復有人 於此經中 受持乃至四句偈等 爲他人說 其福 勝彼 何以故 須菩提

일체제불 급제불 아뇩다라삼먁삼보리법 개종차경출 수보리 소위불법자 즉비불법

一切諸佛 及諸佛 阿耨多羅三藐三菩提法 皆從此經出 須菩提 所謂佛法者 卽非佛法

"수보리야! 그대는 어떻게 생각하느냐? 만일 어떤 사람이 삼천대천세계[37]에 칠보로 가득 채워 보시한다면 이 사람이 얻는 복덕이 많지 않겠느냐?"

---

[37] 삼천대천세계는 소천, 중천, 대천세계를 말한다. 세계를 천 개 모은 것을 소천세계라 하고, 소천세계를 천 개 모은 것을 중천세계라 하고, 중천세계를 천 개 모아서 대천세계라 한다. 이 대천세계는 천을 세 번 한다고 하여 삼천대천세계라고 하는 것이다. 천의 삼승의 세계, 곧 십억의 세계인데, 무한한 수를 가리키기 때문에 '무한히 넓은 세계'라고 본다. 인도의 전통적 우주관에 따르면, 크기를 헤아릴 수 없이 거대한 우주의 중심에 수미산이 있다. 그 수미산 주위를 칠금산(七金山)이 둘러서 있고 수미산과 칠금산 사이 칠해(七海)가 있다. 칠금산 밖에는 함해(鹹海)가 있으며 함해 속에 사대주(四大洲)가 있으며 함해 건너에 철위산(鐵圍山)이 둘러 있다고 한다. 함해에 있는 사대주는 남쪽의 염부제(閻浮提), 동쪽의 승신주(勝身洲), 서쪽의 우화주(牛貨洲), 북쪽의 구로주(俱盧洲)로 그중 우리 인간이 사는 남섬부주는 가장 살기 어렵고 박복한 곳이지만 사대주 가운데 여러 부처가 나는 곳은 이곳뿐이라 한다. 수미산의 맨 아래에는 지옥이 있고 그 위에 아귀의 세계가 있으며 지표면에 인간과 축생이 산다. 수미산 중턱에는 사왕천이 있으며 수미산 정상에는 도리천이 있고, 그 위로 야마천, 도솔천, 화락천, 타화자재천이 있다. 또 천상계는 아니지만 수미산 주변 허공에는 아수라의 세계도 존재한다. 아수라는 천상의 신들과 능력 면에서는 비슷하지만 마음이 분노와 울화로 들끓고 있어서 도리천왕인 제석천의 천병들에게 노상 싸움을 걸어댄다고 한다. 사왕천부터 타화자재천까지 모두 여섯 개의 천상을 합해 욕계육천, 즉 육욕천이라 한다. 육욕천 위로는 색계 18천이 있고, 또 그 위로 무색계 4천이 있으니 천상계는 통틀어 28천이 된다. 이렇게 땅 밑의 지옥 아귀로부터 축생, 수라, 인간, 28개의 천상까지가 모여 하나의 세계를 이룬다. 이를 삼계라 한다. 이런 하나의 세계가 천 개 모인 것이 소천세계, 소천세계가 천 개 모인 것이 중천세계, 중천세계가 천 개 모인 것이 대천세계다.

수보리가 대답하였다.

"매우 많습니다. 세존이시여! 왜냐하면 이 복덕이 복덕성이 아닌 까닭에 여래께서 복덕이 많다고 하셨기 때문입니다."

"만일 다시 어떤 사람이 이 경 가운데 내지 사구게[38] 등을 받아 지니고 다른 사람을 위해 일러주면 그 복이 저 복보다 더 뛰어나리라. 왜냐하면 수보리야! 모든 부처님과 모든 부처님의 아뇩다라삼먁삼보리법이 다 이 경에서 나왔기 때문이다. 수보리야! 이른바 불법이라는 것은 불법이 아니니라."

---

38 사구게란 본래 네 개의 구절로 이루어진 게송을 뜻하지만 흔히 경전의 핵심 내용을 함축한 구절을 말한다. 『금강경』에서는 '약이색견아 이음성구아 시인행사도 불능견여래'라는 사행시와 '일체유위법 여몽환포영 여로역여전 응작여시관'이라는 사행시만이 『금강경』의 사구게이다. 범본 『금강경』에서는 위의 시 앞에 하나의 시가 더 부가되어 있는데, 그 시의 현장 역은 '응관불법성 응도사법신 법성비소식 고피불능료'이다. 선사들 사이에 알려진 '약견제상비상 즉견여래'라든가 '응무소주 이생기심'은 『금강경』의 한 구절일 뿐 사구게는 아니다. 사구게를 수지한다는 말은 『금강경』을 손으로 받아서 늘 가지고 다닌다는 말이 아니다. '수(受)'란 사구게에 담긴 소식을 듣고 '아 그렇구나!' 하고 깨달아서 마음으로 깊이 받아들이는 것을 의미한다. 보통 사람들은 흔히 불법의 이치를 깨닫고도 막상 일상생활을 하다 보면 탐진치 삼독에 사로잡혀 『금강경』을 받기는 받았지만 지니고 다니지 않고 받은 그 자리에 놓고 나와버리는 격이다. 그래서 늘 마음속에 새기는 것은 그 가르침을 삶의 양식으로 삼아 경계에 부딪힐 때마다 나를 돌아보는 지표로 삼는다는 뜻이다. 사구게를 수지한 뒤에는 다른 사람도 이 가르침을 만나 자유롭고 행복하게 살아갈 수 있도록 전해주어야 한다. 상대의 상황과 조건을 잘 살펴서 그가 진심으로 이 법을 받아들일 수 있도록 전하는 한편, 이 법을 가슴에 지니고 일상에서 실천해나갈 수 있게 도와주어야 한다. 이것이 위타인설(爲他人說)인 것이다. 사구게를 받아 지니고 다른 사람에게 전하는 복덕은 삼천대천세계에 칠보를 가득 채워 보시하는 복덕과는 비할 수 없는 복덕이다. 칠보로 보시하는 공덕이 아무리 크다 해도 그것은 언젠가 다함이 있는 유루복이지만 상이 있는 모든 것이 다 허망함을 깨닫는 데서 오는 복은 다함이 없는 무루복이다. 그러므로 이 둘은 도저히 비교되지 않는다. 복덕이 없으므로 복덕이 많은 이치가 바로 이것이다. 하지만 사람들은 작은 복에 마음이 팔려 정말 큰 복을 놓치기 일쑤다. '복이라 할 게 없음을 아는 것이 복 중에 가장 큰 복이다.'

해설

　제8장은 '가르침에 의해 새로 태어난 것'을 보여주는 대목이다. 부처님의 위대한 가르침을 통해 우리의 인생도 날마다 새롭게 향상시켜야 한다. 모든 부처님과 부처님의 깨달음이 모두 반야바라밀법에 의지하여 출현한 것이다. 다시 말해 이 『금강경』에서 모두 나왔다고 보면 된다. 이 경은 한 생각 일어나기 이전의 공적한 마음자리, 근원자리에서 나왔으며, 반야의 삶이 가장 복된 삶일 것이다. 왜냐하면 모든 것은 내 자신 속에 이미 구족되어 있으며 내가 우주 만유를 창조하는 주인이기 때문이다. 소천, 중천, 대천세계를 통틀어 삼천대천세계라 부르는데 이것이 오늘날 우리가 우주라고 말하는 영역이다. 대천 속에는 이미 중천과 소천이 포함되어 있으니 그냥 대천이라 해도 되는데 굳이 삼천대천이라 부르는 이유는 이 우주가 수없이 많은 세계들로 이루어진 실로 가없는 세계임을 강조하려는 의도이다.

　칠보는 일곱 가지 보배를 말한다. 『무량수경』에서는 금·은·유리·파리·마노·거거·산호를 이르며, 『법화경』에서는 금·은·마노·유리·거거·진주·매괴를 이른다. 이러한 칠보가 한 보따리만 있어도 큰 부자일 텐데, 그런 보석으로 삼천대천세계를 가득 채워 보시한다니 그 복덕은 헤아리기 어려울 만큼 커서 어디에도 비할 바가 없을 것이다.

부처님이 삼천대천세계에 칠보를 가득 채워 보시하면 그 복덕이 많으냐고 물으시니 수보리는 매우 많다고 대답한다. 그러면서 그 복덕은 복덕성이 아니라고 덧붙인다.

세계의 참모습으로 돌아가서 생각한다면 세상 천하 만물은 어느 누구의 것도 아니다. 지금 내 것이라고 믿는 것은 잠시 내 손에 머물러 있는 것에 불과할 뿐이다. 누구의 것도 아니기에 얼마만큼 내준다 해도 그것은 나의 공덕이 아니다.

본래 이 물건이 누구의 것이 아닌 줄을 알면 이것을 누구에게 보시한다 해도 아무런 공덕을 지은 바가 없음을 알게 된다. 그래서 '이런 것이 복이다'라고 규정할 만한 복덕의 성품이란 없는 것이다. 다만 이름하여 '복덕이 있다'라거나 '복덕이 많다'라고 할 뿐 복덕이라고 할 무엇도 자체가 없다.

사구게를 받아 지니고 다른 사람에게 전하는 복덕은 삼천대천세계에 칠보를 가득 채워 보시하는 복덕과는 비할 수 없는 큰 복덕인 것이다.

제구, 일상무상분(하나의 상도 본래 상이 없다)
第九, 一相無相分

수보리 어의운하 수다원 능작시념 아득수다원과부 수보리 언 불야 세존

須菩提 於意云何 須陀洹 能作是念 我得須陀洹果不 須菩提 言 不也 世尊

하이고 수다원 명위입류 이무소입 불입색성향미촉법 시명 수다원

何以故 須陀洹 名爲入流 而無所入 不入色聲香味觸法 是名 須陀洹

수보리 어의운하 사다함 능작시념 아득사다함과부 수보리 언 불야 세존

須菩提 於意云何 斯陀含 能作是念 我得斯陀含果不 須菩提 言 不也 世尊

하이고 사다함 명일왕래 이실무왕래 시명사다함 수보리 어의운하 아나함

何以故 斯陀含 名一往來 而實無往來 是名斯陀含 須菩提 於意云何 阿那含

능작시념 아득아나함과부 수보리언 불야 세존 하이고 아나함

能作是念 我得阿那含果不 須菩提言 不也 世尊 何以故 阿那含

명위불래 이실무불래 시고 명아나함 수보리 어의운하 아라한

名爲不來 而實無不來 是故 名阿那含 須菩提 於意云何 阿羅漢

능작시념 아득아라한도부 수보리언 불야 세존 하이고 실무유법

能作是念 我得阿羅漢道不 須菩提言 不也 世尊 何以故 實無有法

명아라한 세존 약아라한 작시념 아득아라한도 즉위착아인 중생수자

名阿羅漢 世尊 若阿羅漢 作是念 我得阿羅漢道 卽爲着我人 衆生壽者

세존 불설아득무쟁삼매인중 최위제일 시제일이욕아라한 세존 아부작시념

世尊 佛說我得無諍三昧人中 最爲第一 是第一離欲阿羅漢 世尊 我不作是念

아시이욕아라한 세존 아약작시념 아득아라한도 세존 즉불설수보리

我是離欲阿羅漢 世尊 我若作是念 我得阿羅漢道 世尊 卽不說須菩提

시요아란나행자 이수보리 실무소행 이명수보리 시요아란나행

是樂阿蘭那行者 以須菩提 實無所行 而名須菩提 是樂阿蘭那行

"수보리야! 그대는 어떻게 생각하는가? 수다원[39]이 생각하기를 '나는 수다원과를 얻었다'라고 생각하겠느냐?"

수보리가 대답하였습니다. "아닙니다. 세존이시여! 왜냐하면 수다원을 일러 경지에 들어간다고 하지만 이에 집착하지 않고 또한 빛과 소리, 향기와 맛, 감촉과 법에도 집착하지 않아야 참된 수다원이라 할 수 있기 때문입니다."

"수보리야! 그대는 어떻게 생각하느냐? 사다함[40]이 생각하기를 '나는 사다함과를 얻었다'라고 생각하겠느냐?"

---

[39] 음역하면 수다원, 의역하면 예류 또는 입류라고 한다. '미혹을 끊고 성자의 부류에 든 사람'을 의미한다. 육조대사는 이를 두고 '역류'라고 했다. 생사의 흐름을 거슬러 올라가 대상경계에 물들지 않고 한결같이 무루의 업을 닦아 거칠고 무거운 번뇌가 생기지 않게 되는 지옥, 축생, 수라 등의 몸을 받지 않는 경지를 말한다. 초기불교에서는 네 부류의 성인이 있는데 이 중 진리의 흐름에 든 경지를 향하는 자, 흐름의 경지에 도달한 자를 첫째, 흐름에 든 자라 한다. 이들은 열 가지 장애 가운데 ① 존재무리에 실체가 있다는 환상 ② 모든 일에 대한 의심 ③ 미신과 터부에 대한 집착에서 벗어나야 한다. 둘째, 천상에 갔다가 한번 돌아와서 해탈하는 경지를 향하는 자와 한 번 돌아오는 경지에 도달한 자는 한 번 돌아오는 자로서 열 가지 장애 가운데 위의 세 가지와 더불어 ④ 감각적 쾌락에 대한 욕망 ⑤ 마음의 분노를 거의 끊어야 한다. 셋째, 천상에 가서 거기서 해탈하므로 이 세상으로 돌아오지 않는 경지를 향하는 자와 돌아오지 않는 경지에 이른 자는 돌아오지 않는 자라고 불린다. 그들은 위의 다섯 가지 장애를 완전히 끊은 자이다. 넷째, 거룩한 이의 경지를 향하는 자와 거룩한 이의 경지에 도달한 자는 거룩한 이라고 불린다. 위의 다섯 가지의 계박은 물론 ⑥ 미세한 물질계에 대한 욕망 ⑦ 비물질적 세계에 대한 욕망 ⑧ 자만하는 마음 ⑨ 흥분과 회한 ⑩ 진리를 모르는 것을 벗어나기 시작했거나 완전히 벗어난 자를 말한다.

[40] 음역하면 사다함, 의역하면 일래자라고 한다. 깨달음을 얻은 성자는 다시 태어남을 받는 일은 없으나 이 경지에 이르면 다시 한번 세계에 태어나서 깨닫고, 그 이후에는 다시 어떤 세계에든지 태어나는 일이 없는 경지이므로 '한 번 오는 자'라고 한다. 인간 세상에 있으면서 이 경지를 얻으면 반드시 천상의 세계에 가서 다시 인간의 세계에 돌아와 열반을 얻으며, 천상의 세계에 있으면서 이 과를 얻으면 반드시 인간의 세상으로 왔다가 다시 천상으로 가서 열반에 든다. 이와 같이 천상이나 인간 세계를 한번 왕래하는 까닭에 일왕래과라고 한다.

수보리가 대답하였습니다.

"그렇지 않습니다. 세존이시여! 왜냐하면 사다함을 일러 '한 번 갔다 온다'라는 뜻이지만 실로 집착하지 않아야 참된 사다함이라 할 수 있기 때문입니다."[41]

"수보리야! 그대는 어떻게 생각하느냐? 아나함[42]이 생각하기를 '나는 아나함과를 얻었다'라고 생각하겠느냐?"

수보리가 대답하였습니다.

"아닙니다. 세존이시여! 왜냐하면 아나함을 일러 '다시 세상에 되돌아오지 않는다'라는 뜻이지만 실로 이에 집착하지 않아야 참된 아나함이라 할 수 있기 때문입니다."[43]

"수보리야! 그대는 어떻게 생각하느냐? 아라한[44]이 생각하기를

---

[41] 사다함은 성문사과의 두 번째 지위로, 인간과 천상에 각각 한 번씩 생을 받은 뒤에야 열반을 증득하게 된다. 즉, 인간 세계에서 사다함과를 얻으면 반드시 하늘 세계에 갔다가 다시 인간 세계로 돌아와 열반을 깨닫고, 하늘 세계에서 사다함과를 얻으면 먼저 인간 세계에 갔다가 다시 하늘 세계로 돌아와 열반의 증과를 얻게 된다. 이렇게 천상과 인간 세계를 한 번 왕래하므로 일래과(一來果)라고 한다. 수다원이 경계에 이끌리는 마음을 제어하는 수준이라면 사다함은 육근 경계에 따라 일어나는 마음을 완전히 조복해 주체를 회복한 경지이다. 수다원에서 계속 수행 정진하면 다겁 생래로 쌓인 과거의 습기가 차츰 사라져 사다함의 경지에 이른다. 사다함은 업식에 이끌리는 어리석음을 한 번만 더 되풀이하면 더 이상 어리석음을 되풀이하지 않는 경지를 말한다. 따라서 사다함은 지혜를 얻어 번뇌와 미혹을 벗어나 진리를 보는 단계인 견도를 이룬 뒤 수도의 과정에 있는 사람이다. 확연히 깨친 이치에 따라 수행해나가는 과정에 있는 사람이다. 이렇듯 견도 후에 수도가 있는 것이지 견도를 얻지 못한 상태에서 이리저리 왔다 갔다 하며 애쓰는 것은 수도가 아니라 방황인 것이다.

[42] 음역하면 아나함, 의역하면 불환(不還) 또는 불래(不來)가 된다. 감각적인 쾌락의 세계의 번뇌를 모두 끊어버린 성자를 말한다. 이 성자는 욕계의 번뇌를 모두 끊고서 사후에는 미세한 물질의 세계나 비물질적인 세계인 하늘에 태어나 거기서 열반에 들므로 다시 이 세상에 태어나는 일이 없으므로 돌아오지 않는 자라 한다.

'나는 아라한도를 얻었다'라고 생각하겠느냐?"

수보리가 대답하였습니다.

"아닙니다. 세존이시여! 왜냐하면 실로 법이 있음이 없음을 일러(생각에 집착하지 않아)이름하여 아라한이라 할 수 있기 때문입니다. 세존이시여! 만일 아라한이 생각하기를 '나는 아라한도를 얻었다'라고 생각한다면 이는 바로 아상, 인상, 중생상, 수자상에 집착한 것입니다.[45] 세존이시여! 부처님께서 말씀하시되 제가 '다툼이 없는 삼매를 얻은 사람 가운데 가장 제일'이라 말씀하신 것은 첫째로 '욕심을 여읜 아라한'이라 할 수 있기 때문입니다.

---

43 아나함은 이번 생에만 욕계에 머무르고 나면 다시는 윤회의 세계로 오지 않는 세 번째 지위이다. 그래서 불환 또는 불래라고 한다. 다시는 어리석음을 되풀이하지 않는 사람, 번뇌의 윤회에 휩쓸리지 않는 경지에 이른 사람이다. 사다함에게 엷게 남아 있던 탐심과 진심이 아나함에 이르면 완전히 소멸된다. 업식은 아직 남아 있어서 경계에 부딪혔을 때 쾌, 불쾌는 일어나지만 그 순간을 놓치지 않고 알아차림으로써 애의 반응이 일어나는 어리석음을 일으키지 않는다. 그러나 아나함은 욕망에 이끌리지는 않지만 물질과 순수한 정신에 대한 집착은 여전히 남아 있어서 색계와 무색계를 벗어나지는 못한 상태이다. 아직까지도 무명의 뿌리가 남아 있어서 존재의 참된 이치를 완전히 꿰뚫은 수준은 안 되어 사성제를 완전히 증득하지는 못했다고 할 수 있다.

44 음역하면 아라한, 의역하면 응공(應供)이라 한다. 원어의 어원적 의의는 '가치 있는 사람으로서, 세상의 존경과 공양을 받을 만한 사람'이란 뜻이다. 본래는 여래가 지닌 공덕의 모습을 표현한 '열 가지 이름' 가운데 하나이다.

45 아라한은 그런 모든 번뇌와 집착이 사라진 최고의 단계를 성취한 경지이다. 아라한은 육근 경계에 이끌리는 마음, 색에 대한 집착, 무색에 대한 집착, 아만과 자만심, 들뜨고 흥분하는 마음, 불안하고 걱정하는 마음, 그 모두를 남김없이 여의었으므로 어떤 경계에 부딪혀도 번뇌가 일어나지 않는다. 그래서 일체 번뇌가 끊어진 자리, 완전히 고요하고 적적한 상태에 있다. 이런 아라한의 경지에 이르면 어떤 것을 공양받아도 업의 흔적으로 남지 않아 마땅히 공양받을 자격이 있다 해서 응공, 또는 응당히 진리를 행하는 사람이므로 응진이라고 부른다.

세존이시여! 저는 제가 욕심을 여읜 아라한이라고 생각하지 않습니다. 세존이시여! 제가 만일 '아라한도를 얻었다'라고 생각한다면 세존께서는 '수보리는 아라나행을 하고 있는 자'라고 말씀하시지 않았을 것입니다. 하지만 수보리가 실로 행하는 바가 없으므로 수보리를 이름하시되 '아라나행을 즐긴다(하고 있다)'라고 하시는 것입니다."[46]

해설

제목에서 말하는 '하나의 상도 상이 없다'라는 것은 '하나의 상도 상이라고 내세우면 안 된다'라는 의미이다. 수다원, 사다함, 아나함, 아라한 등 수행의 4단계를 언급하면서 무상의 이치를 설명하는 내용이 핵심이다. 모든 수행의 결과는 실상에서 이루어지는 것이다.

---

[46] 『육조단경』에 '깃발이 움직이는가, 바람이 깃발을 움직이게 하는가'의 이야기를 보더라도 이것은 모두 상에 대한 이야기이다. 모든 상을 내려놓고 깃발이라는 말을 들어도 좋고, 바람이라는 소리를 들어도 다툼이 없어야 한다. 성인의 경지에 이른 사람은 스스로 자기가 깨쳤다고 생각하지 않는다. 깨달은 사람은 '나는 깨달았다'라는 상을 짓지 않으며, '내가 남을 돕고 있다'라는 생각도 하지 않는다. 이를 『법성게』에서는 '법성원융무이상'이라 표현한다. 법의 근본이 둥글고 두루해서 두 가지 모습이 따로 없다는 뜻이다.

중생과 부처가 둘이 아니라는 가르침을 가슴에 새기던 수보리는 또 다른 의문과 마주치게 되었다. 완전한 깨달음의 경지에 이르기 위해서는 성문사과의 네 단계를 거쳐야 한다고 하는데, 중생이 본래 부처라면 이런 단계들은 필요치 않을 것이다. 또 수행을 통해 성과를 얻는 것이 무슨 의미가 있을까. 수보리의 이런 마음을 알아차린 부처님이 질문을 던졌다. "수다원이 스스로 '내가 이 정도 수행을 했으니 이제 나도 성인의 흐름에 들었구나' 하고 생각하느냐?" 순간 수보리는 자기가 다시 상에 집착했음을 알아차렸다.

성인이 흐름에 들었다는 것은 '나'와 '너'를 구분하는 분별과 아상을 버리기 시작했다는 것을 의미한다. 만일 스스로 내가 성인의 흐름에 들었다고 생각한다면 그는 아상을 버리지 못한 것이다. 성인의 길에 들어선 자신과 다른 중생을 구분하는 마음이 남아 있다면 그는 수다원이 아니다. 부처님의 물음에 수보리는 이 점을 깨달은 것이다.

수보리와의 성문사과에 대한 문답을 통해 부처님이 전달하려는 핵심은 '상'에 대한 것이다. 따라서 '나는 수다원과를 얻었다'라는 상을 가진다면 아직 수다원과에 들지 못한 것을 말한다. 깨달음의 눈을 떠서 해탈의 길에 있는 사람은 번뇌가 일어나면 그 번뇌를 여실히 지켜볼 뿐이지 '나는 여실히 번뇌를 보고 있다'라는 사실을 의식하지 못한다.

부처님은 수보리를 가리켜 욕(欲)을 여읜 아라한으로 무쟁삼매에 들어 아란나행을 즐기고 있다고 칭찬했다. 욕을 여의었다는 것은 중생의 참된 마음을 더럽히는 모든 욕망을 여의었다는 말이다. 무쟁삼매란 번뇌와 다툼을 벗어난 삼매를 말한다. 만일 수보리의 마음속에 조금이라도 '내가 제일이다', '나는 무쟁삼매에 들었다'라는 생각이 있다면 부처님은 그렇게 말씀하시지 않았을 것이다.

제십, 장엄정토분(정토를 장엄하다)
第十, 莊嚴淨土分

불고 수보리 어의운하 여래 석재연등불소 어법 유소득부 불야 세존

佛告 須菩提 於意云何 如來 昔在燃燈佛所 於法 有所得不 不也 世尊

여래재연등불소 어법 실무소득 수보리 어의운하 보살 장엄불토부 불야 세존

如來在燃燈佛所 於法 實無所得 須菩提 於意云何 菩薩 莊嚴佛土不 不也 世尊

하이고 장엄불토자 즉비장엄 시명장엄 시고 수보리 제보살 마하살

何以故 莊嚴佛土者 卽非莊嚴 是名莊嚴 是故 須菩提 諸菩薩 摩訶薩

응여시생청정심 불응주색생심 불응주성향미촉법생심 응무소주 이생기심

應如是生淸淨心 不應住色生心 不應住聲香味觸法生心 應無所住 而生其心

수보리 비여유인 신여수미산왕 어의운하 시신 위대부 수보리언 심대 세존

須菩提 譬如有人 身如須彌山王 於意云何 是身 爲大不 須菩提言 甚大 世尊

하이고 불설비신 시명대신

何以故 佛說非身 是名大身

부처님께서 수보리에게 말씀하셨습니다.

"그대는 어떻게 생각하느냐? 여래가 옛적에 연등불 계시던 처소에서 법을 얻은 바가 있느냐?"

"없습니다. 세존이시여! 여래께서 연등불 계시던 처소에서 실로 법을 얻은 바가 없습니다."[47]

---

47 연등불의 수기는 석가모니 부처님의 전생담인 선혜행자 이야기에 나온다. 선혜행자는 연등부처님이 지나가는 길이 흙탕길인 것을 보고 입고 있던 옷을 벗어 깔고, 그것으로도 부족하자 진흙탕에 몸을 엎드려 머리를 풀어 진흙을 덮었다. 그리고 부처님이 자신의 몸을 밟고

"수보리야! 그대는 어떻게 생각하느냐? 보살이 불국토를 장엄하느냐?"

"아닙니다. 세존이시여! 왜냐하면 불국토를 장엄하는 것은 곧 장엄이 아니라 그 이름이 장엄이기 때문입니다."[48]

"그러므로 수보리야! 모든 보살마하살은 응당 이와 같이 청정한 마음을 내되, 색에 머물러 마음을 내지 말며, 소리와 향기와 맛과 감촉과 법에 머물러 마음을 내지 말지니, 마땅히 머무는

지나가기를 서원했다. 연등 부처님은 이런 선혜행자의 모습에서 지극한 신심과 법을 구하는 간절함을 읽고 그 자리에서 수기를 내렸다. "그대의 보리심은 참으로 갸륵하구나. 이같이 지극한 정성으로 수행 정진하면 그대는 후세에 기필코 부처가 되리니, 그 이름을 석가모니라 하리라." 선혜행자는 부처님께 자기의 모든 것을 공양했다. 가지고 있던 돈을 다 털어 꽃을 사서 공양하고, 입고 있던 옷을 벗어서 진흙탕에 깔고, 머리카락을 풀고 온몸을 던졌다. 재물이든 지위든 육신이든 가치관이든 자기가 가진 모든 것을 부처님께 공양 올린 것이다. 이것이 '나'로 삼을 만한 것은 무엇이든 다 내려놓았다는 뜻이다. 그렇게 일체를 놓아버렸기에 선혜행자는 부처님께 수기를 받을 수 있었다. 수기란 어떤 법을 받아 움켜쥐는 것이 아니라, 움켜쥐고 있는 모든 것을 내려놓음으로써 부처를 이룰 수 있다는 깨달음의 약속이다. 선혜행자는 연등 부처님으로부터 무엇인가를 받은 것이 아니라 깨달음을 얻겠다고 한 마음을 일으키고 일체를 버림으로써 성불의 수기를 받은 것이다.

48 수보리는 다시 궁금해졌다. 보살은 다겁 생에 걸쳐 수많은 보살행을 함으로써 세계를 불국토로 장엄한다고 했는데, 모든 중생이 부처고 세계가 이미 불국토라면 도대체 보살은 어떻게 정토를 장엄한단 말인가. 그러자 그 마음을 읽은 부처님이 보살이 불국토를 장엄하느냐고 묻는다. 수보리는 그제야 또 정신을 차리고 자신이 불국토라는 상에 빠졌음을 깨달았다. 보살이 불국토를 장엄한다는 세속적인 상, 즉 물질적으로 풍요롭고 육체적으로 편안한 세계로 만드는 것이 장엄이라는 관념에 빠져 있었던 것이다. 그렇다면 참된 장엄이란 무엇인가? 중생 스스로 편견과 업장을 버리고 번뇌를 소멸해 주인의 자리를 되찾는 것이다. 사람들 모두의 마음이 편안하고 서로 사랑하며 돕고 사는 세상이야말로 불국토라 할 수 있다. 불국정토를 장엄한다고 하면, 사람들은 절을 세우고 경전을 출판하고 사람들을 조직해야 한다고 생각한다. 그러나 불국토는 바깥에 있지 않고 마음속에 있다. 마음이 청정하면 불국토고, 마음이 번뇌에 찌들면 예토가 된다.

바 없이 그 마음을 낼지니라.⁴⁹ 수보리야! 비유컨대 어떤 사람의 몸이 수미산왕만 하다면 그대는 어떻게 생각하느냐? 이 몸이 크다고 하겠느냐?"

수보리가 대답하였습니다.

"매우 큽니다. 세존이시여! 왜냐하면 부처님께서 몸이 아닌 것을 이름하여 큰 몸이라고 말씀하셨기 때문입니다."⁵⁰

---

49 『금강경』 제2 사구게다. 참으로 행복하고 자유로운 사람이 되고자 하는 보살이라면 마땅히 청정한 마음을 내어야 한다고 한다. 여기서 청정한 마음이란 더러운 마음과 반대되는 깨끗한 마음을 말하는 게 아니다. 더러움과 대립하는 깨끗함, 악에 대립하는 선을 말하는 게 아니라 어떠한 상도 짓지 않고 무엇에도 집착하지 않는 걸림 없는 마음, 육근 경계에 머문 바 없는 마음을 청정한 마음이라고 이름 지어 부를 뿐이다. 머문 바 없는 마음에 대한 가르침은 앞서 제4장에서도 살펴보았지만 보살은 색과 소리와 향기와 맛과 감촉과 법에 머물러 보시하지 않는다고 했다. 육근 경계로 모양 지은 상에 집착하지 않고 보시하는 것처럼, 중생을 제도하고 불국토를 건설하겠다는 마음을 낼 때에도 상에 머무르지 않는 마음을 가져야 한다. '응무소주 이생기심'은 『금강경』에서 가장 유명한 구절 중 하나인데, 그것은 육조 혜능대사가 그 구절을 듣고 깨달음을 얻었다는 일화가 깃들어 있는 구절이기 때문이다. 중국 남북조시대 인도에서 온 달마대사가 중국에 선불교를 전했다. 이 선불교가 어느 정도 교세를 떨치기 시작한 것은 육조 혜능대사 때부터였다. 어느 날 혜능은 땔감을 팔고 나오는 길에 한 스님이 경 읽는 소리를 듣게 되고, '응무소주 이생기심'이라는 구절에서 마음의 문이 열리게 되었다. 『금강경』을 읽던 스님은 혜능이 범상한 인물이 아님을 알아차리고 황매산에 있는 홍인대사를 찾아가 공부하라고 권했다. 그때 홍인 대사의 문하에는 700여 명에 이르는 제자가 있었고, 신수 스님이 상수 제자로 있었다. 혜능이 홍인대사를 찾아갔는데 어디서 왔느냐고 묻자, 영남에서 왔습니다 하니 오랑캐가 어찌 부처가 될 수 있겠는가 하고 말했다. 하지만 혜능은 홍인대사의 말에 주눅 들지 않고 대답하기를, '사람에게 남과 북이 있을 뿐 불성에는 남과 북이 없습니다'라고 말했다.

50 기준이 무엇이냐에 따라 상대적으로 크다고도 하고 작다고도 한다. 다만 인연에 따라서 크다고 이름할 뿐이고 작다고 이름할 뿐이다. 이렇듯 고정불변의 절대적 기준이라는 것은 존재하지 않는다. 모든 구분은 인연을 따라서 나타났다 인연 따라 사라지는 상대적인 현상일 뿐이다.

해설

장엄정토는 '이 세상을 장엄한다'라는 뜻으로 '보살, 즉 사람이 세상을 장엄'한다는 것을 말한다. 모든 현상은 연기법으로 이루어졌음을 알고 공(空)을 실천하는 반야행자여야 한다. 반야바라밀법으로 이 세상을 정화했으되 정화했다는 마음의 흔적이 없어야 한다. 순간순간 깨어 있으면 곳곳이 모두 안락국이며 정토다(염념보리심 처처안락국).

앞의 성문사과의 단계는 다만 그렇게 이름하여 부를 뿐 깨달음의 길에 수다원, 사다함, 아나함, 아라한이라는 단계가 고정되어 있지 않으며, 모든 법에는 그 본질을 규정할 만한 어떤 실체도 없다.

그런데 수보리는 그 가르침을 듣고 문득 또 다른 의심이 일었다. '부처님은 과거세에 연등 부처님을 뵙고 부처가 되리라는 수기를 받으셨는데 그렇다면 그때 연등 부처님으로부터 어떤 법을 받아 지니신 게 아닌가.' 그러자 부처님은 수보리에게 바로 그 문제를 질문하고, 수보리는 자신이 또 법이라는 상을 지었음을 깨달았다.

제도하는 자와 제도받는 대상을 나누고 분별하듯이 예토와 정토를 나누어 무언가를 만들고 꾸민다는 생각은 아상·인상·중생상·수자상을 벗어나지 못한 관념이다.

불국토를 장엄한다고 하면, 사람들은 절을 세우고 경전을 출판하고 사람들을 조직해야 한다고 생각한다. 그러나 불국토는 바깥에 있지 않고 마음속에 있다. 마음이 청정하면 불국토고, 마음이 번뇌에 찌들면 예토가 된다.

법은 지금 내가 몸담고 있는 현실 속에 매일매일 부딪치며 살아가는 사람들 속에 있다. 또한 크다는 실체도 작다는 실체도 존재하지 않는다. 기준이 무엇이냐에 따라 상대적으로 크다고도 하고 작다고도 한다. 다만 인연에 따라서 크다고 이름할 뿐이고 작다고 이름할 뿐이다. 이렇듯 고정불변의 절대적 기준이라는 것은 존재하지 않는다. 모든 구분은 인연을 따라서 나타났다 인연을 따라 사라지는 상대적인 현상일 뿐이다.

『금강경』 제2 사구게에서는 텅 빈 마음, 청정심에 대한 설명을 간단히 하고 있다. "응당히 어떤 사물에 머물러서 마음을 내서도 안 되고, 색·성·향·미·촉·법에 머물러서 마음을 내서도 안 된다. 응당 머무르는 바 없이 그 마음을 낼지니라(응무소주 이생기심)."

제십일, 무위복승분(무위의 수승한 복)
第十一, 無爲福勝分

수보리 여항하중 소유미진 여시사등항하 어의운하 시제항
하사 영위다부

須菩提 如恒河中 所有沙數 如是沙等恒河 於意云河 是諸恒
河沙 寧爲多不

수보리언 심다 세존 단제항하 상다무수 하황기사 수보리
아금 실언고여

須菩提言 甚多 世尊 但諸恒河 尙多無數 何況其沙 須菩提
我今 實言告汝

약유선남자선여인 이칠보 만이소항하사수 삼천대천세계
이용보시 득복 다부

若有善男子善女人 以七寶 滿爾所恒河沙數 三千大千世界
以用布施 得福 多不

수보리언 심다 세존 불고수보리 약선남자선여인 어차경중 내지

須菩提言 甚多 世尊 佛告須菩提 若善男子善女人 於此經中 乃至

수지사구게등 위타인설 이차복덕 승전복덕

受持四句偈等 爲他人說 而此福德 勝前福德

"수보리야! 항하에 있는 모래 수만큼이나 많은 항하가 있다면 그대는 어떻게 생각하느냐? 이 모든 항하의 모래 수는 많다고 하겠느냐?"

수보리가 대답하였습니다.

"매우 많습니다. 세존이시여! 모든 항하만 해도 헤아릴 수 없이 많은데 어찌 하물며 그 모래이겠습니까?"[51]

"수보리야! 내가 이제 진실한 말로 그대에게 말하노니, 만일 어떤 선남자 선여인이 그 모든 항하의 모래 수만큼의 삼천대천

---

51 항하는 갠지스 강을 말한다. 갠지스 강은 인도의 젖줄이라고 불리는 거대한 강이다. 강의 한쪽에서 바라볼 때 맞은편이 수평선처럼 보일 만큼 강폭이 넓고 길이가 2,500여 킬로미터나 된다. 그런 갠지스 강의 모래알 수만큼 갠지스 강이 있고, 그 모든 갠지스 강의 모래알 수를 헤아린다면 도저히 헤아릴 수 없을 것이다. 부처님은 이처럼 어마어마한 비유를 제시해놓고는 "진실한 말로 말하노니"라는 말씀으로 다음 이야기를 이어간다. 아무리 믿음이 돈독한 이라도 이 엄청난 비유를 듣고 의심 없이 그대로 믿기란 쉽지 않다는 걸 알기 때문이다.

세계를 칠보로 가득 채워 보시한다면 그로써 얻는 복이 많지 않겠느냐?"

수보리가 대답하였습니다.

"매우 많습니다. 세존이시여!"

부처님께서 수보리에게 말씀하셨습니다.

"만일 선남자 선여인이 이 경 가운데 내지 사구게만이라도 받아 지녀 다른 사람에게 설해준다면 이 복덕은 앞의 복덕보다 훨씬 더 많으니라."

해설

누구나 깨달음의 참된 기쁨을 얻고 나면 자연히 지금 내 옆에서 괴로워하는 사람, 힘들어하는 사람, 헤매는 사람이 눈에 들어온다. 불법을 통해 참된 기쁨을 누리는 이가 그 기쁨을 다른 사람과 나누는 일은 지극히 자연스러운 일이다. 불교는 원래 투철한 전법 정신으로 시작한 종교이다.

또한 불교에서는 유위, 무위를 통해 가르침을 전달한다. 유위는 조작함이 있는 것, 인위적으로 만들어가는 것으로 인간이 살아가면서 만드는 세상을 말한다. 무위는 유위와 상대적 개념으로 남을 위해 일을 했으면서도 자기가 한 것에 대해 전혀 관념에 사로잡히지 않고 상을 내지 않는 것을 말한다. 무위는 작위적인 것이 아니라 본래 있는 것, 이미 있는 것을 뜻한다. 『금강경』의 근본 취지는 무상위종(無相爲宗)이기 때문에 상 없는 것으로써 으뜸을 삼는 것, 어떤 행위를 하더라도 세상에 어떤 공헌을 하더라도 거기에 대한 관념이 전혀 남아 있지 않는 것, 이러한 무위의 이치가 곧 『금강경』의 종지이다.

부처님이 보리수 아래에서 깨달은 그 순간 마왕 마라가 나타나서 말했다. 원하던 대로 깨달음을 얻었으니 어서 열반에 들라는 유혹의 말이었다. 어리석은 중생들은 부처님의 말씀을 알아듣지 못할 것이니 더 이상 수고하지 말라고 했다. 그러나 부처님은 마왕의 유혹을 단호하게 물리치고 전법의 길에 나섰다. 부처님을 비난하며 떠났던 다섯 명의 수행자를 찾아서 법을 설했다. 그리고 야사 등 55인을 교화한 뒤에 부처님은 60명의 제자들을 모아놓고 전법 선언을 하셨다.

"수행자들이여, 이제 모든 천인과 인간 속에서 그들을 제도하라. 많은 사람에게 이익이 되고 많은 사람에게 안락을 주기 위해, 현실 속에서 구체적인 이익과 안락을 구해주기 위해 속히 떠나가라. 마을로 들어갈 때는 홀로 스스로 갈 것이요, 두 사람이 함께 가지 말라."

"수행자들이여, 유행할 때는 많은 사람을 위해 애민해 섭수하고자 법을 전하되, 항상 처음과 중간과 끝을 모두 올바르게 설해서 의미가 분명하고 어구가 명료해 의심이 없도록 하라. 자! 이제 전법의 길을 떠나라."

그리고 부처님 자신도 45년 동안 인도 전역을 유행하시며 하루도 쉼 없이 전법을 하셨다. 부처님은 열반에 드는 마지막 순간까지도 설법을 그치지 않았다. 이생에서의 마지막 숨이 끊어지는 그 순간에 한 노인이 헐레벌떡 찾아와서 부처님을 만나겠다고 했다. 아난다가 절대로 안 된다고 거절했지만 노인은 고집을 꺾지 않았다. 그때 부처님이 아난다를 불렀다.

"그분을 들여보내시오. 그분은 나를 귀찮게 하러 온 게 아니라 나에게 법을 물으러 온 것이오."

부처님은 최후의 순간에도 노인을 맞아들여 그의 질문에 답하여 법을 설했다. 그 노인이 부처님의 마지막 제자 수바드라이다.

부처님이 열반에 들자 많은 제자들이 법의 기쁨을 전하고자 인도 구석구석으로 흩어졌다. 부처님의 법은 히말라야를 넘어 타클라마칸 사막을 지나고 바다를 건너 전 세계로 퍼져나갔다. 불교는 그렇게 해서 우리나라까지 들어오게 된 것이다. 이렇게 법의 이치를 받아 새기고 진실한 마음으로 대중을 위해 전파하는 일이 바로 보살의 길이며 성불의 길인 것이다.

제십이, 존중정교분(바른 가르침을 존중하다)
第十二, 尊重正敎分

부차 수보리 수설시경 내지 사구게등 당지 차처 일체세간 천인아수라

復次 須菩提 隨說是經 乃至 四句偈等 當知 此處 一切世間 天人阿修羅

개응공양 여불탑묘 하황유인 진능수지독송 수보리 당지 시인

皆應供養 如佛塔廟 何況有人 盡能受持讀誦 須菩提 當知 是人

성취최상제일희유지법 약시경전 소재지처 즉위유불 약존중제자

成就最上第一希有之法 若是經典 所在之處 卽爲有佛 若尊重弟子

"또한 수보리야! 이 경 설하심을 따라서 사구게만이라도 일러

준다면 마땅히 알라. 이곳은 일체 세간, 천인, 아수라가 다 부처님의 탑묘에 공양하듯이 할 것이다. 하물며 어떤 사람이 이 경을 모두 받아 지니고, 읽고, 외운다면 더 말할 나위 있겠느냐. 수보리야! 마땅히 알라. 이 사람은 가장 제일 높은 희유한 법을 성취하리라. 만일 이 경전이 있는 곳은 부처님과 존경받는 제자들이 함께 있는 것과 같으니라."

해설

『금강경』의 공덕에 대해 널리 알리는 대목이다.「법회인유분」부터 지금까지 『금강경』을 해설하면서 상(相)을 깨뜨려왔는데 『금강경』까지도 무시하게 되었다. 그러나 사실은 『금강경』의 도리가 매우 훌륭하여 널리 선양하라는 내용이다.

부처님 말씀을 수지 독송해 그 가르침대로 생각하고 행동하며 살아가는 사람이 있다면 그가 있는 자리가 바로 불법승 삼보가 있는 위대한 자리이다.

세간은 영원하지 않은 것들이 서로 모여 있는 우주 공간을 말하고, 천인은 신들과 사람을 아울러 이르는 말이다. 부처님 말씀을 수지 독송해 그 가르침대로 생각하고 행동하며 살아가는 사람이 있다면 그가 있는 그 자리가 바로 불법승 삼보가 함께하는 위대한 자리이다. 삼보에 대한 믿음과 그 뛰어남이 『금강경』의 도리 안에 이미 구족되어 있다. 하지만 『금강경』만이 최고의 경전이고, 다른 경전은 필요 없다는 뜻이 아니다. 집착을 버리고 머무르는 바 없이 그 마음을 내라는 것이 『금강경』의 핵심이다. 머무름 없이 마음을 내는 이치를 깨치지 못한다면 그는 『금강경』을 진실로 수지 독송한 사람이 아니다.

부처님 가르침의 참뜻을 내 마음에 받아들이지 않으면 경전의 글귀에만 집착하기 일쑤다. 『금강경』을 읽으면 『금강경』에 집착하고, 『법화경』을 읽으면 『법화경』에 집착한다. 부처님 말씀이 『법화경』 한 권에 다 들어 있다는 말을 들으면 '다른 경은 다 필요 없고 『법화경』만 최고다' 하고 받아들이는 사람이 많다. 그저 좋다고 하니 무조건 읽기만 하면 되는 줄 알고 천 번, 만 번 읽기만 하는 사람도 있다. 그러나 수지 독송이란 『금강경』의 말씀을 내 삶에 받아들여 스스로 깨닫고자 끊임없이 수행하는 것을 뜻한다.

수행의 목적은 남을 돕는 데 있지 않고, 내가 이 세상을 살아가는 데 흔들림 없는 참 자유, 참 행복을 느끼기 위해 수행하는 것이다. 마음에 머무름이 없어야 한다는 참뜻을 바르게 알고 완전한 자유와 행복에 이르기 위해 끊임없이 노력해나갈 뿐이어야 한다.

상이 있는 것은 다 허망하니 만일 모든 상이, 상이 아님을 본다면 곧 여래를 보는 것이라 말한다. 여기서 상이란 단순히 눈에 보이는 것만을 가리키지는 않는다. 우리 마음속의 고정된 생각과 집착, 심지어 법에 대한 집착, 경전에 대한 집착도 다 상이다. 진실로 머무는 바 없이 있는 그대로 응대할 수 있다면 보이는 것, 들리는 것, 냄새 맡는 것, 맛보는 것, 손끝에 느껴지는 감촉 모두 다 불법이고 부처여야 한다. 그러니 처처가 불상이고, 하는 일마다 불공인 것이다.

제십삼, 여법수지분(여법하게 받아 지니다)
第十三, 如法受持分

이시 수보리 백불언 세존 당하명차경 아등 운하봉지

爾時 須菩提 白佛言 世尊 當何名此經 我等 云何奉持

불고 수보리 시경 명위금강반야바라밀 이시명자 여당봉지

佛告 須菩提 是經 名爲金剛般若波羅密 以是名字 汝當奉持

소이자하 수보리 불설반야바라밀 즉비반야바라밀 시명반야바라밀

所以者何 須菩提 佛說般若波羅密 卽非般若波羅密 是名般若波羅密

수보리 어의운하 여래 유소설법부 수보리 백불언 세존 여래 무소설

須菩提 於意云何 如來 有所說法不 須菩提 白佛言 世尊 如來 無所說

수보리 어의운하 삼천대천세계 소유미진 시위다부 수보리
언 심다 세존

須菩提 於意云何 三千大千世界 所有微塵 是爲多不 須菩提
言 甚多 世尊

수보리 제미진 여래설 비미진 시명미진 여래설세계 비세계
시명세계

須菩提 諸微塵 如來說 非微塵 是名微塵 如來說世界 非世界
是名世界

수보리 어의운하 가이삼십이상 견여래부 불야 세존 불가이
삼십이상

須菩提 於意云何 可以三十二相 見如來不 不也 世尊 不可以
三十二相

득견여래 하이고 여래설 삼십이상 즉시비상 시명삼십이상

得見如來 何以故 如來說 三十二相 卽是非相 是名三十二相

수보리 약유선남자선여인 이항하사등신명 보시 약부유인
어차경중

須菩提 若有善男子善女人 以恒河沙等身命 布施 若復有人
於此經中

내지 수지사구게등 위타인설 기복 심다

乃至 受持四句偈等 爲他人說 其福 甚多

그때 수보리가 부처님께 여쭈었습니다.

"세존이시여! 마땅히 이 경을 무엇이라 이름하며, 저희가 어떻게 받들어 지녀야 하나이까?"

부처님께서 수보리에게 말씀하셨습니다.

"이 경 이름은 '금강반야바라밀'이니 이 이름으로 그대들은 마땅히 받들어 지녀야 하느니라. 왜냐하면 수보리야! 부처가 반야바라밀이라 말한 것은 반야바라밀이 아니라 그 이름이 반야바라밀이기 때문이다."

"수보리야! 그대는 어떻게 생각하느냐? 여래가 법을 말한 바가 있느냐?"

수보리가 부처님께 말씀드렸습니다.

"세존이시여! 여래께서 말씀하신 바가 없습니다."

"수보리야! 그대는 어떻게 생각하느냐? 삼천대천세계에 있는 가는 티끌이 많다고 하겠느냐?"

수보리가 대답하였습니다.

"매우 많습니다. 세존이시여!"

"수보리야! 모든 가는 티끌은 여래가 가는 티끌을 말한 것이 아니라 그 이름이 가는 티끌이니라. 여래가 세계를 말한 것은 세

계가 아니라 그 이름이 세계이니라."⁵²

"수보리야! 그대는 어떻게 생각하느냐? 가히 삼십이상으로써 여래를 볼 수 있겠느냐?"

"없습니다. 세존이시여! 가히 삼십이상으로써 여래를 볼 수 없습니다. 왜냐하면 여래께서 말씀하신 삼십이상은 곧 상이 아니라 그 이름이 삼십이상이기 때문입니다."⁵³

"수보리야! 만일 선남자 선여인이 있어 항하의 모래 수 같은 몸과 목숨으로 보시하여도 만일 다시 어떤 사람이 이 경 가운데 내지 사구게 등을 받아 지녀 다른 사람을 위해 설한다면 그 복이 더 많으리라."

---

52 부처님의 설법은 거울과도 같다고 했다. 중생이 가진 번뇌의 모습에 따라 법이 나타날 따름이지 정해진 법이 따로 있는 게 아니다. 또한 부처님이 법을 설한다는 생각을 가지고 베푸신 것도 아니다. 그래서 부처님은 한 법도 설한 바가 없다고 하셨다.

53 미진은 아주 작은 티끌이나 먼지를 말한다. '티끌 같은 존재'라는 표현에서처럼 흔히 세상에서 가장 작은 물질로 비유된다. 하지만 아무리 작은 물질이라도 그보다 더 작은 물질에 견준다면 오히려 크다고 말할 수 있다. 태양계에 비하면 지구는 한 점과 같고, 은하계에 비하면 태양계는 티끌과 같고, 우주에 비하면 은하계는 미진에 불과하듯이 작다, 크다, 적다, 많다는 어느 순간을 기준으로 다만 그렇게 이름 붙인 것에 불과한 것이다. 티끌이 티끌이 아닌 것처럼 우리가 그렇게 이름 붙여 부를 뿐이다.

해설

　부처님은 이날 법문의 제목을 '금강반야바라밀'이라 부르라고 이르셨다. 반야는 지혜의 가르침, 고해의 중생계에서 부처의 세계로 건너가는 나룻배와 같다.
　그런데 왜 부처님은 '반야바라밀은 반야바라밀이 아니라 그 이름이 반야바라밀'이라 하셨을까? 그것은 모든 상을 여의는 것이 반야바라밀인데 반야바라밀이라는 이름으로 상을 취한다면 그것은 반야바라밀이 아니기 때문이다.
　진리를 표현하고 전달하는 부처님의 설법은 언어가 갖고 있는 한계를 적절히 활용함으로써 그 한계를 뛰어넘는다. 반야바라밀에 집착하는 순간 반야바라밀은 더 이상 '응무소주 이생기심'의 반야바라밀이 아니며, 불법에 집착하면 그 순간 불법은 이미 비법(非法)이 되어버린다. 그 묘한 이치를 말로 표현한다는 것은 어쩌면 불가능한 일인지도 모른다. 그래서 부처님은 입을 다물고 아무 설명도 하지 않는 방법이나, 이것이 진리라고 못 박아 설명하는 방법, 그 양극단을 모두 경계하신 것이다.
　삼십이상으로 여래를 볼 수 있다는 말은 몸의 특징에 의지한 형상으로 부처를 볼 수 있다는 말이다. 눈으로 부처를 볼 수 있고, 소리로 부처를 들을 수 있다는 말이라 생각하지만 그런 식으로는 부처를 볼 수 없다. 왜냐하면 여래를 본다는 말은 깨달음을 얻는다는 말과도 같기 때문이다. 깨달음은 눈에 보이는 모습이나 귀에 들리는 소리로 얻을 수 없다. 그것은 단지 육근 경계에 대한 집착이며 사로잡힘일 뿐이다.

부처의 삼십이상은 특징이 있다. 미간에는 백호가 있고, 정수리는 위로 솟았고, 귀는 길게 늘어져 있고, 목에는 세 개의 줄이 나 있으며, 팔은 무릎에 닿을 만큼 길다는 등의 특징들이다. 수보리는 그런 특징들로 부처를 볼 수 있다는 생각이 형상에 대한 집착이었음을 깨닫는다.

부처가 삼십이상의 특징을 갖는 것은 맞지만, 삼십이상의 특징을 보인다고 해서 그를 부처라고 할 수는 없다. 인도 전통 신앙에서는 세간을 다스리는 제왕을 전륜성왕이라고 하는데, 전륜성왕도 부처님처럼 삼십이상을 가졌다고 한다. 이렇듯 부처에게 삼십이상의 특징이 존재하지만 그런 특징들로써 부처를 확인할 수는 없다. 부처의 몸이 가지는 특징은 상에 불과하다. 모든 상으로부터 벗어나 제법이 공한 이치를 깨치지 않고는 부처를 바로 볼 수 없다. 눈으로 보고, 귀로 듣고, 코로 냄새 맡고, 혀로 맛보고, 손으로 만지고, 머리로 상상하는 것들에 매달려서는 부처를 보고도 부처인 줄을 모르는 것과 같다.

제십사, 이상적멸분(상을 여의어 적멸함)
第十四, 離相寂滅分

이시 수보리 문설시경 심해의취 체루비읍 이백불언 희유세존

爾時 須菩提 聞說是經 深解義趣 涕淚悲泣 而白佛言 希有世尊

불설 여시심심경전 아종석래 소득혜안 미증득문 여시지경 세존

佛說 如是甚深經典 我從昔來 所得慧眼 未曾得聞 如是之經 世尊

약부유인 득문시경 신심청정 즉생실상 당지 시인 성취제일 희유공덕

若復有人 得聞是經 信心淸淨 卽生實相 當知 是人 成就第一 希有功德

세존 시실상자 즉시비상 시고 여래 설명실상

世尊 是實相者 卽是非相 是故 如來 說名實相

세존 아금득문 여시경전 신해수지 부족위난 약당래세후 오백세

世尊 我今得聞 如是經典 信解受持 不足爲難 若當來世後 五百歲

기유중생 득문시경 신해수지 시인 즉위제일희유 하이고 차인

其有衆生 得聞是經 信解受持 是人 卽爲第一希有 何以故 此人

무아상 무인상 무중생상 무수자상 소이자하 아상 즉시 비상

無我相 無人相 無衆生相 無壽者相 所以者何 我相 卽是 非相

인상 중생상 수자상 즉시비상 하이고 이일체제상 즉명제불

人相 衆生相 壽者相 卽是非相 何以故 離一切諸相 卽名諸佛

불고 수보리 여시여시 약부유인 득문시경 불경불포불외 당지 시인

佛告 須菩提 如是如是 若復有人 得聞是經 不驚不怖不畏 當知 是人

심위희유 하이고 수보리 여래설 제일바라밀 즉비제일바라밀 시명제일바라밀

甚爲希有 何以故 須菩提 如來說 第一波羅密 卽非第一波羅密 是名第一波羅密

수보리 인욕바라밀 여래설 비인욕바라밀 시명인욕바라밀

須菩提 忍辱波羅密 如來說 非忍辱波羅密 是名忍辱波羅密

하이고 수보리 여아석위가리왕 할절신체 아어이시 무아상 무인상 무중생상

何以故 須菩提 如我昔爲歌利王 割截身體 我於爾時 無我相 無人相 無衆生相

무수자상 하이고 아어왕석 절절지해시 약유아상인상중생상수자상 응생진한

無壽者相 何以故 我於往昔 節節支解時 若有我相人相衆生相壽者相 應生嗔恨

수보리 우념 과거어오백세 작인욕선인 어이소세 무아상 무인상 무중생상

須菩提 又念 過去於五百世 作忍辱仙人 於爾所世 無我相 無人相 無衆生相

무수자상 시고 수보리 보살 응리일체상 발아뇩다라삼막삼보리심

無壽者相 是故 須菩提 菩薩 應離一切相 發阿耨多羅三藐三菩提心

불응주색생심 불응주성향미촉법생심 응생무소주심 약심유주 즉위비주

不應住色生心 不應住聲香味觸法生心 應生無所住心 若心有住 卽爲非住

시고 불설보살 심불응주색보시 수보리 보살 위이익일체중생 응여시보시

是故 佛說菩薩 心不應住色布施 須菩提 菩薩 爲利益一切衆生 應如是布施

여래설일체제상 즉시비상 우설일체중생 즉비중생

如來說一切諸相 卽是非相 又說一切衆生 卽非衆生

수보리 여래 시진어자 실어자 여어자 불광어자 불이어자

須菩提 如來 是眞語者 實語者 如語者 不誑語者 不異語者

수보리 여래 소득법 차법 무실무허 수보리 약보살 심주어법 이행보시

須菩提 如來 所得法 此法 無實無虛 須菩提 若菩薩 心住於法 而行布施

여인 입암 즉무소견 약보살 심부주법 이행보시 여인유목 일광명조 견종종색

如人 入闇 則無所見 若菩薩 心不住法 而行布施 如人有目 日光明照 見種種色

수보리 당래지세 약유선남자선여인 능어차경 수지독송 즉위여래 이불지혜

須菩提 當來之世 若有善男子善女人 能於此經 受持讀誦 卽爲如來 以佛智慧

실지시인 실견시인 개득성취 무량무변공덕

悉知是人 悉見是人 皆得成就 無量無邊功德

그때 수보리가 이 경 설하심을 듣고 깊이 깨닫고는 감격해 눈물을 흘리고 울며 부처님께 말씀드렸습니다.

"희유하십니다.[54] 세존이시여! 부처님께서 이와 같이 깊은 경을 말씀하심은 제가 옛적부터 얻은 혜안으로는 일찍이 이와 같은 경을 얻어들은 적이 없습니다. 세존이시여! 만일 다시 어떤 사람이 이 경을 얻어듣고 믿는 마음이 청정하여 곧 실상을 내면[55] 마땅히 이 사람이 제일 희유한 공덕을 성취하였음을 알겠나이다."

"세존이시여! 이 실상이라는 것은 곧 상이 아닌 까닭에 여래께서 그 이름을 실상이라고 말씀하십니다."

"세존이시여! 제가 이제 이 경을 얻어듣고, 믿고 알아서 받아지니기는 어렵지 아니하지만, 미래 후오백세에 어떤 중생이 이 경

---

[54] 수보리가 체루비읍하며(감격해 눈물을 흘리며) 부처님께 "희유하십니다. 세존이시여"라고 할 때 희유하다는 것은 세상에 처음 있는 일이고, 드문 일이며, 어려운 일이라는 뜻으로 이렇게 뛰어난 경전은 처음 듣는 것이라고 탄복하는 장면이다.

[55] 신심을 내어 법문도 듣고, 경전도 읽고, 교리도 공부하면서 안목이 열려 삶의 실상을 꿰뚫어 보는 것을 말한다. 실상은 형상이 있으면서 없는 것이고, 형상 없는 데서 형상 있는 것까지 볼 줄 아는 것이다.

을 얻어듣고서 믿고 이해하고 받아 지니면 이 사람은[56] 곧 제일 희유한 사람이 될 것입니다. 왜냐하면 이 사람은 아상, 인상, 중생상, 수자상이 없기 때문입니다. 왜냐하면 아상이 곧 상이 아니며 인상, 중생상, 수자상이 곧 상이 아니기 때문입니다. 왜냐하면 일체 상을 여의면 곧 그 이름이 부처이기 때문입니다."

부처님께서 수보리에게 말씀하셨습니다.

"그렇다, 그렇다.[57] 만일 다시 어떤 사람이 이 경을 얻어 듣고 놀라지 않고 겁내고 두려워하지 않는다면 이 사람은 심히 희유한 사람인 줄 알아야 한다. 왜냐하면 수보리야! 여래가 제일바라밀을 말함이 제일바라밀이 아니라 그 이름이 제일바라밀이기 때문이다. 수보리야! 인욕바라밀이 여래가 인욕바라밀을 말함이 아니라 그 이름이 인욕바라밀이니라. 왜냐하면 수보리야! 내가 옛적에 가리왕에서 신체를 베이고 끊김을 당할 때 내가 그때 아상이 없으며, 인상이 없으며, 중생상이 없으며, 수자상이 없었느니라. 왜냐하면 내가 지나간 옛적에 마디마디 사지를 베이고 끊길 때에 만일 아상과 인상과 중생상과 수자상이 있었다면 응당 성

---

[56] 차인(此人)은 금강경을 이해하는 사람, 상에서 벗어난 사람을 말한다. 상을 쪼개면 수천, 수만 가지 상이 나오는데 『금강경』에서는 주로 네 가지 상(아상, 인상, 중생상, 수자상)을 이야기한다. 『금강경』을 이해한 사람은 자아의식(아상), 차별의식(인상), 열등의식(중생상), 한계의식(수자상) 등이 모두 떠나버린 사람이다.

[57] 여시여시(如是如是), "그렇다, 그렇다"라고 곧바로 수보리를 인가한 이유는 수보리가 상을 떠난 사람은 모두가 부처라고 자신 있게 말해서다.

내고 원망하는 마음이 생겼을 것이기 때문이다."

"수보리야! 또 과거 오백세에 인욕선인이었을 때에도 아상이 없으며, 인상이 없으며, 중생상이 없으며, 수자상이 없었느니라. 그러므로 수보리야! 보살은 응당 일체 상을 여의어 아뇩다라삼먁삼보리심을 일으키나니 색에 머물러 마음을 내지 말며, 소리와 향기와 맛과 감촉과 법에 머물러 마음을 내지 말지니 마땅히 머무는 바 없는 마음을 내어야 한다. 만일 마음이 머물러 있으면 그것은 곧 머무름이 아니니, 이런 까닭에 보살의 마음은 색에 머물러 보시하지 않는다고 부처가 말하느니라."

"수보리야! 보살은 일체중생의 이익을 위하여 응당 이와 같이 보시하느니라. 여래가 일체 모든 상을 말하는 것은 곧 상이 아니며 또 일체중생을 말하는 것도 곧 중생이 아니니라."

"수보리야! 여래는 참된 말을 하는 자고, 실다운 말을 하는 자며, 여여한 말을 하는 자며, 미치광이의 말을 하지 아니하는 자며, 다른 말을 하지 않는 자이니라. 수보리야! 여래가 얻은 법에는 실다운 것도 없고 헛된 것도 없느니라."

"수보리야! 만일 보살의 마음이 법에 머물러 보시를 행하면 마치 사람이 어두운 데에 들어가 아무것도 볼 수 없는 것과 같고, 보살의 마음이 법에 머무르지 않고 보시를 행하면 사람이 눈이 있어 광명이 비추어 여러 가지 모양을 보는 것과 같으니라."

"수보리야! 미래세에 만일 선남자 선여인이 능히 이 경을 수지

독송하면 여래는 부처의 지혜로써 이 사람들을 다 알며 다 보나 니, 모두 무량무변한 공덕을 성취할 것이니라."

해설

한 치 앞이 보이지 않는 깜깜한 밤길을 헤매며 걷는 사람처럼 괴로운 인생을 살던 사람이 부처님 법문을 듣고 깨달아서 인생의 모든 어둠이 일시에 사라져버린다. 그런 깨달음의 순간을 만나면 그의 얼굴은 더없이 환하게 빛나고 눈에서는 눈물이 하염없이 흘러내릴 것이다.

수보리가 흘린 눈물, 체루비읍(涕淚悲泣)은 바로 그런 기쁨의 눈물이다. 법문을 듣고 크게 깨달은 수보리가 눈물을 흘리며 부처님께 고한다.

"제가 옛적부터 얻은 혜안으로는 일찍이 이와 같은 경을 얻어 들은 적이 없습니다."

수보리는 20년을 하루같이 부처님 곁에 머물면서 모든 법문을 다 들었고, 그 가르침을 통해 지혜의 눈이 열린 사람이다. 그런 그가 이 법문을 듣고 이와 같은 경을 처음 들었다고 고백한다. 왜 그럴까. 이는 부처님의 법문은 어제와 오늘이 다를 바 없는데 수보리 자신이 오늘에야 비로소 모든 상을 여의고 부처님의 말씀을 깨닫게 되었다는 뜻으로 이해할 수 있다.

시비분별을 끊고 아집(我執)을 타파해 모든 번뇌가 사라졌다 해도 실상이란 또 하나의 상에 이끌린다면 그는 또다시 법을 고집하는 어리석음, 법집(法執)의 수렁에 빠지고 만다. 허상이라는 실체와 실상이라는 실체가 따로 존재하는 게 아니다. 허상을 떠난 실상이 별도로 있지 않다. '이것이 사실이다', '이것이 현실이다' 라고 알던 그것이 실은 허망한 것이고, 꿈같은 것이고, 아지랑이 같은 것이지만, 헛것이라는 사실을 깨달으면 그것이 바로 실상을 보는 것이고, 실상을 깨닫는 것이다. 하지만 중생은 허상이라는 것이 따로 있고, 실상이라는 것이 따로 존재한다고 생각한다. 이것도 모두 하나의 상을 짓는 것이다. 따라서 상이라 할 것이 없기에 그 이름이 실상일 뿐이다.

부처님께서 열반에 드신 후 후오백세가 되면 부처님의 바른 법을 찾기 어려운 시기를 맞게 된다. 부처님 당시의 제자들도 『금강경』의 가르침을 깨치기가 어려웠는데, 과연 이러한 말법 시대를 살아가는 중생이 이 경을 듣고 받아 지닐 수 있을까. 어쩌면 불가능한 일인 듯 보이기도 한다.

하지만 수보리는 우리의 그런 걱정을 다 알고 씻어주려는 듯이 말법 시기의 중생이라도 이 가르침을 듣고 믿고 이해하고 받아 지닌다면 그 공덕이 참으로 한량없다고 말한다.

부처님의 가르침을 받아 지니는 사람이라면 그는 아상, 인상, 중생상, 수자상이 없는 사람이므로 충분히 이 가르침을 믿고 받아들일 수 있다.

우리는 흔히 '번뇌를 여의었다'라는 말을 한다. 그런 말을 들으면 마치 번뇌의 세계가 따로 있고, 번뇌 없는 세계가 따로 있는 것 같다. 번뇌가 있고 보리(菩提)가 있어서 번뇌를 버리고, 보리를 얻어야 한다는 식으로 말이다. 하지만 번뇌가 번뇌인 줄 알면 그것이 보리이다. 번뇌가 번뇌인 줄 아는 것은 번뇌가 다만 자기 망상임을 깨닫는 것이다. 번뇌가 다만 망상인 줄 아는 것은 꿈을 깨는 것과 같고, 꿈을 깨면 그것이 헛것이고 집착할 바가 못 되는 줄을 저절로 알게 된다. 그러면 번뇌는 더 이상 나를 괴롭힐 수 없다. 그것이 바로 보리이다. 번뇌를 번뇌인 줄 아는 것이 곧 깨달음이니, 번뇌를 떠나서 존재하는 깨달음의 실체가 따로 있지 않다. 이것이 '번뇌 즉 보리'이다. 그와 마찬가지로 모든 상을 떠나면 그것이 부처지 부처라는 존재가 어디 따로 있는 게 아니다.

상을 가지고 있는 사람은 『금강경』의 가르침을 듣고 이해하고 받아 지니기는커녕 무슨 말도 안 되는 소리를 하느냐고 거부하려 든다. 당신이 가진 상을 깨뜨려야 한다고 말하면 반발심이 일어나 저항하려 한다. '정말 이렇게 해도 괜찮을까?' 그러다 '나만 손해 보는 건 아닐까?' 이렇게 의심하는 마음이 든다. 가르침대로 하면 안 될 것 같고, 큰일 날 것 같고, 불가능할 것 같다. 그렇게 가르침을 믿지 못하는 마음은 불안과 두려움을 낳는다.

이렇게 하나라도 더 가지는 데 집착하고 권위와 명예를 얻기 위해 노심초사하는 사람에게는 모든 상에 집착하지 말라는 『금강경』의 가르침이 큰 두려움으로 다가올 것이다.

그러니 누군가 『금강경』의 가르침을 듣고 놀라거나 겁내거나 두려워하지 않고 받아들인다면 그는 세상에서 제일 희유한 사람이다. 이치로 따져 이 도리가 옳다고 이해하는 수준만 되어도 그는 이미 도의 길에 들어선 셈이다.

내가 옳다는 생각을 버리고 나면 더 이상 아무 참을 것이 없는 행을 하게 된다. 그것이 인욕바라밀이다. 베푼다는 생각 없이 베푸는 행이 보시바라밀이며, 하고 싶고 하기 싫다는 모든 욕망을 끊어버림으로써 계율을 지킨다는 생각 없이 계율을 지키는 것이 지계바라밀이고, 노력한다고 할 것이 없는 행이 정진바라밀이다. 고요하려는 생각이 없는 행이 선정바라밀이며, 깨달음을 얻겠다는 생각이 없는 행이 지혜바라밀이다. 인욕바라밀이 여래가 인욕바라밀을 말함이 아니라 그 이름이 인욕바라밀이라고 한다는 가르침이 그런 이치이다. 모든 상을 떠남으로써 더 이상 참을 것이 없는 행이 참다운 인욕바라밀이다.

인욕바라밀이란 참아야 하는 일을 참아내는 것이 아니라 본래 참을 것이 없음을 아는 도리이다. 아상에 매달린 사람들이 보기에는 '저 사람은 저런 경우에도 화 한번 안 내고 잘도 참는 구나!' 하고 감탄하겠지만, 아상을 떠난 사람은 정작 아무것도 참는 바가 없다. 따라서 인욕의 핵심은 원망하고 화내는 진심을 다스러서 사물을 바로 보는 것이다.

보살이 일체중생을 위해 행하는 보시바라밀도 중생을 위해 보시한다는 생각이 없기 때문에 보시바라밀이라고 이름한다. 남을 위해 보시한다는 것은 이미 나와 남을 구분하는 것이다. 보살에게는 나니 남이니 하는 구분이 없다. 나와 남의 구분이 없는 경지에서 보면 무슨 일을 해도 그것은 모두 자기 자신을 위한 당연한 행위이다. 다만 나와 남을 구분하기에 바쁜 범부 중생의 눈에 '보살은 자기를 희생하고, 남을 위해 보시를 행하는' 것으로 보일 뿐이다.

가난한 친구가 있어 불쌍한 마음에 그를 도와야겠다고 마음 먹었다면 그것은 상에 집착하는 보시가 된다. 나중에 그 친구가 잘살게 되었으면서도 은혜를 갚지 않으면 배은망덕한 놈이라고 미워하고 원망하는 마음이 생긴다. 이것은 내가 스스로를 괴롭히는 행위이다. 또한 나에게 도와달라 하지 않은 친구에게 막무가내로 돈을 주는 경우 불편함을 문제 삼을 수 있다. 하지만 '이 사람은 가난하다', '이 사람은 돈이 필요하다'라는 모양을 짓고 도와주었다면, 거기에 아무 바라는 마음이 없었다 하더라도 그 베풂은 보시바라밀이 되지 못한다.

자기 생각, 자기 관점, 자기 상에 사로잡혀 남에게 무엇인가를 해주는 것은 결국 서로에게 괴로움이 되기 때문이다. 상대가 필요하니 달라고 하는 것은 주지 않아서 문제가 생기고, 상대가 필요 없다고 거절하는 것은 주려고 해서 문제가 된다. 이것이 자기를 중심에 놓고 중생을 구제하려 하는 어리석음이다. 이런 식의 보시는 중생을 이롭게 하지 못한다.

제십오, 지경공덕분(경을 받아 가지는 공덕)
第十五, 持經功德分

수보리 약유선남자선여인 초일분 이항하사등신 보시 중일분

須菩提 若有善男子善女人 初日分 以恒河沙等身 布施 中日分

부이항하사등신 보시 후일분 역이항하사등신 보시 여시무량백천만억겁

復以恒河沙等身 布施 後日分 亦以恒河沙等身 布施 如是無量百千萬億劫

이신보시 약부유인 문차경전 신심불역 기복 승피 하황서사 수지독송

以身布施 若復有人 聞此經典 信心不逆 其福 勝彼 何況書寫 受持讀誦

위인해설 수보리 이요언지 시경 유불가사의 불가칭량무변 공덕

爲人解說 須菩提 以要言之 是經 有不可思議 不可稱量無邊 功德

여래 위발대승자설 위발최상승자설 약유인 능수지독송 광위인설

如來 爲發大乘者說 爲發最上乘者說 若有人 能受持讀誦 廣爲人說

여래 실지시인 실견시인 개득성취 불가량불가칭무유변 불가사의공덕

如來 悉知是人 悉見是人 皆得成就 不可量不可稱無有邊 不可思議功德

여시인등 즉위하담여래 아뇩다라삼먁삼보리

如是人等 卽爲荷擔如來 阿耨多羅三藐三菩提

하이고 수보리 약요소법자 착아견인견중생견수자견 즉어차경 불능청수독송

何以故 須菩提 若樂小法者 着我見人見衆生見壽者見 卽於此經 不能聽受讀誦

위인해설 수보리 재재처처 약유차경 일체세간천인아수라소응공양 당지차처

爲人解說 須菩提 在在處處 若有此經 一切世間天人阿修羅所應供養 當知此處

즉위시탑 개응공경 작례위요 이제화향 이산기처
即爲是塔 皆應恭敬 作禮圍繞 以諸華香 而散其處

"수보리야! 만일 선남자 선여인이 초일분에 항하사만큼의 몸으로 보시하고, 중일분에 다시 항하사만큼의 몸으로 보시하고, 후일분에 또한 항하사만큼의 몸으로 보시하되, 이와 같이 한량없는 백천만억겁 동안 보시하여도 만일 다시 어떤 사람이 이 경을 듣고 신심으로 거스르지 않으면 그 복이 저 복보다 더 수승하리라. 하물며 사경하고 수지 독송하여 다른 사람을 위해 해설해 줌이랴!"

"수보리야! 요점만을 말한다면, 이 경은 생각할 수도 없고, 헤아릴 수도 없고, 끝도 없는 공덕이 있느니라. 여래는 대승의 마음을 발한 자를 위해 이 경을 설하며, 최상승의 마음을 발한 자를 위해 이 경을 설하느니라.[58] 만일 어떤 사람이 능히 수지 독송하여 널리 다른 사람을 위해 설한다면 여래는 이 사람을 다 알며 다 보나니, 이 사람은 모두 헤아릴 수도 없고, 칭할 수도 없으며, 끝이 없는 불가사의한 공덕을 성취할 것이니라. 이와 같은 사

---

58 여래께서 아무에게나 이 경전을 말씀하시는 것이 아니라, 대승자, 최상승자들에게 설했다고 하셨다. 대승자, 최상승자는 세속적인 가치에 물들지 않고 고귀한 삶을 살고자 하는 최고의 인격자, 영혼이 맑은 사람을 일컫는다. 이 대목에서 부처님께서는 『금강경』이 인간으로 태어나 최고의 삶을 살고 싶어 하는 사람들을 위해 설한 경전임을 또 한 번 강조하였다.

람들은 여래의 아뇩다라삼먁삼보리를 짊어진 사람[59]이니라. 왜냐하면 수보리야! 만일 작은 법을 즐기는 자는 아견과 인견과 중생견과 수자견에 집착함이니, 이 경을 듣고 받아들여 독송하며 다른 사람을 위해 해설하지 못하느니라."

"수보리야! 만일 곳곳마다[60] 이 경전이 있으면 일체 세간 천인 아수라가 응당 공양할 것이니, 마땅히 알아야 한다. 이곳은 곧 불탑[61]이 됨이라.[62] 모두 응당 공경히 예를 짓고 주위를 돌며 온갖 꽃과 향을 뿌리리라."

---

59 하담(荷擔)이라는 말은 '짐을 지다'라는 말로 부처님의 깨달음이 부처님 당신의 짐이 되었다는 것이다. 따라서 "여래께서 깨달으신 최상의 깨달음을 다 짊어진 사람들이다"라고 한다.

60 재재처처(在在處處)는 '어디에 있든지', '어디든지', '곳곳마다'의 표현으로 우리가 있는 어디에서든지 『금강경』이 있으면 반드시 공양해야 된다. "마땅히 알아야 한다. 이 경이 있는 곳이 곧 불탑이다."라고 하셨다.

61 불탑(탑묘)에는 부처님의 사리가 모셔져 있다. 오늘날 우리는 정성을 다해 부처님의 불탑에 꽃을 올리고 향을 피우며 절을 한다. 이 경전이 있는 곳이 불탑과 같다는 말은 거기에 부처님이 계시는 것과 같다는 뜻이다. 꽃과 향을 뿌린다는 것도 그곳이 부처님이 계신 곳과 같다는 말이다. 또한 『금강경』의 가르침이 그만큼 소중하다는 뜻이고 『금강경』을 수지 독송하고 남을 위해 설하는 공덕이 이루 헤아릴 수 없이 크다는 뜻이기도 하다.

62 「지경공덕분」에서는 이 경을 지니는 공덕을 몸을 보시하는 공덕과 비교한 것으로, '이 경전 그대로가 불탑이고, 바로 부처님이다'라는 표현인 것이다.

해설

초일분은 아침나절, 중일분은 점심나절, 후일분은 저녁나절을 말한다. 초일분, 중일분, 후일분에 항하사 수와 같은 몸으로써 보시한다는 말은 하루 종일 쉼 없이 보시를 한다는 말이다.

하지만 부처님은 『금강경』을 듣고 아주 조그마한 믿음이라도 낸다면 이런 물질적인 보시와는 비교도 할 수 없을 만큼 크나큰 공덕이 있다고 말씀하셨다. 하물며 『금강경』을 수지 독송하고 남을 위해 설한 사람의 공덕은 말할 바도 없다. 그 복덕의 크기는 우리의 상상을 넘어서는 불가사의한 복덕이라고밖에 표현할 길이 없을 것이다.

하지만 그렇다고 경전을 수지 독송하는 공덕이 보시의 공덕보다 더 크다는 뜻으로 이해하면 안 된다. 이 말씀의 핵심은 상에 매달린 행이냐, 상을 버린 행이냐의 문제인 것이다. 대가를 바라는 보시와 대가를 바라지 않는 보시바라밀, 참을 것이 있어서 참는 인욕과 참을 것이 없는 인욕바라밀의 차이를 말하는 것이다. 단순히 경전 글귀에 매여 『금강경』을 읽는 공덕이 어떤 보시나 선업보다 크다는 식으로 이해해서는 안 된다. 『금강경』을 수지 독송하고 남을 위해 설한다는 것은 『금강경』의 참뜻을 마음에 새겨 일체의 상을 버린다는 의미인 것이다. 어디에도 집착함이 없는 사람은 보시를 해도 바라는 마음이 없고, 계를 지켜도 계율에 매달리지 않고, 인욕을 해도 참는 마음이 없다.

타인에 대한 끝없는 연민심, 이해심이 바탕이 될 때에 이루어진다. 삶을 크게 뉘우치고 깨우치는 공덕은 부처님에게 빌고, 하느님에게 빌어서 이루어지는 작은 행복과는 비교가 되지 않는다. 고통을 통해 그동안의 어리석음을 깨치게 된 사람에게 그 고통은 불행이 아니라 오히려 큰 복일 뿐이다. 그렇게 참회하고 깨치고 보리심을 내는 공덕은 내 몸 하나 기적같이 살아나는 요행과는 비교가 되지 않는다. 이치를 깨치고 참회하는 해탈의 복덕이야말로 최고의 복덕인 것이다.

제십육, 능정업장분(업장을 맑히다)
第十六, 能淨業障分

부차 수보리 선남자선여인 수지독송차경 약위인경천 시인 선세죄업

復次 須菩提 善男子善女人 受持讀誦此經 若爲人輕賤 是人 先世罪業

응타악도 이금세인 경천고 선세죄업 즉위소멸 당득아뇩다 라삼먁삼보리

應墮惡道 以今世人 輕賤故 先世罪業 卽爲消滅 當得阿耨多 羅三藐三菩提

수보리 아금 과거무량아승지겁 어연등불전 득치팔백사천 만억나유타제불

須菩提 我念 過去無量阿僧祇劫 於燃燈佛前 得値八百四千 萬億那由他諸佛

실개공양승사 무공과자 약부유인 어후말세 능수지독송차
경 소득공덕

悉皆供養承事 無空過者 若復有人 於後末世 能受持讀誦此
經 所得功德

어아소공양 제불공덕 백분불급일 천만억분 내지산수비유
소불능급

於我所供養 諸佛功德 百分不及一 千萬億分 乃至算數譬喻
所不能及

수보리 약선남자선여인 어후말세 유수지독송차경 소득공
덕 아약구설자

須菩提 若善男子善女人 於後末世 有受持讀誦此經 所得功
德 我若具說者

혹유인 문 심즉광란 호의불신 수보리 당지 시경의 불가사
의 과보 역불가사의

或有人 聞 心卽狂亂 狐疑不信 須菩提 當知 是經義 不可思
議 果報 亦不可思議

"또한 수보리야! 선남자 선여인이 이 경을 수지 독송하면서도

만일 사람들에게 업신여김을 당한다면, 이 사람이 선세의 죄업으로 악도에 떨어져야 마땅하지만, 금세의 사람들에게 업신여김을 당하는 것으로 선세 죄업이 소멸되어[63] 아뇩다라삼먁삼보리를 얻으리라."

"수보리야! 내가 과거 헤아릴 수 없이 긴 아승기겁을 생각하니, 연등불 이전 팔백사천만억 나유타 부처님을 만나 모두 공양하고 받들어 섬겨 그냥 지나침이 없었느니라. 만일 다시 어떤 사람이 이후 말세에 능히 이 경을 수지 독송하면, 내가 모든 부처님을 공양한 공덕으로는 그 공덕의 백 분의 일도 미치지 못하며, 천만억 분의 일 내지는 숫자로 헤아리는 어떤 비유로도 능히 미치지 못할 것이니라. 수보리야! 만일 선남자 선여인이 이후 말세에 이 경을 수지 독송하여 얻은 공덕을 내가 만일 갖추어 말하면, 혹 어떤 사람은 듣고 마음이 광란하여 여우같이 의심하고 믿지 않으리라. 수보리야! 마땅히 알아야 한다. 이 경의 뜻은 가히 생각할 수도 없고, 과보 또한 불가사의하니라."

---

63 죄업을 소멸시키려면 업장을 청정하게 해야 한다. 업장을 청정하게 한다는 것은 가라앉혀서 맑아지는 것도 아니고, 휘젓기만 하면 금방 다시 흐려지는 것도 아니다. 때 묻은 옷을 깨끗이 빨아 아예 없애는 것이다. 그래서 옷마저 없어진 상태가 청정, 정(淨), 또는 공(空)이다. 따라서 능정업장(能淨業障)은 '업장을 완전히 비워버린다. 공하게 한다'라는 뜻이다.

해설

경전에는 항하사, 아승기, 나유타, 불가사의, 무량수 등등 상상하기도 어려울 만큼의 큰 숫자 개념이 나온다. 항하사는 10의 52곱절, 아승기는 10의 56곱절, 나유타는 10의 60곱절, 불가사의는 10의 64곱절, 무량수는 10의 68곱절을 말하며, 무량수는 모든 수 가운데 가장 큰 수의 단위이다.

겁이란 시간 개념도 나온다. 겁은 하늘과 땅이 한 번 개벽한 때에서부터 다음 개벽할 때까지를 말한다. 우주가 한 번 성주괴공하는 동안을 한 대겁이라 한다. 1대겁은 다시 성겁, 주겁, 괴겁, 공겁의 4개 중겁으로 나누어지고, 1중겁은 다시 20개의 소겁으로 이루어져 있다. 물리학으로 표현할 때 허공의 우주에서 몇십억 년을 두고 소립자가 모여 원자가 만들어지고, 그 원자가 모여 분자가 만들어지고, 거기에서 갖가지 물질이 형성되면서 지금의 우주와 지구가 형성되었다고 말한다. 그리고 지금의 이 우주는 또 그만큼의 기간을 거쳐 다시 허공의 소립자 상태로 돌아갈 것이다.

팔만사천만억 나유타란 팔백·사천·만·억·나유타라고 이해하면 된다. 부처님은 억겁의 긴 시간 동안 자신이 그런 엄청난 수의 부처님들께 진실한 공양을 올린 무량 공덕조차 『금강경』을 수지 독송하는 사람의 공덕에 비교하면 백분의 일, 천분의 일에도 미치지 못한다고 했다.

　더구나 말세에 『금강경』을 수지 독송하는 공덕은 표현하기도 어렵고 믿기도 어려울 만큼 끝이 없어, 그 공덕을 자세히 말한다면 너무 어마어마해서 듣는 이의 마음이 어지러워 미칠 지경이 될 수도 있고, 여우처럼 의심하여 믿지 않을 수도 있다고 했다.

　깨달음의 지혜로 세상을 보지 못하고 어리석은 마음으로 잔꾀를 부리면 결국 제 꾀에 제가 넘어가게 마련이다.

제십칠, 구경무아분(마침내 나도 없다)
第十七, 究境無我分

이시 수보리 백불언 세존 선남자선여인 발아뇩다라삼먁삼보리심 운하응주

爾時 須菩提 白佛言 世尊 善男子善女人 發阿耨多羅三藐三菩提心 云何應住

운하항복기심 불고 수보리 약선남자선여인 발아뇩다라삼먁삼보리심자

云何降伏其心 佛告 須菩提 若善男子善女人 發阿耨多羅三藐三菩提心者

당생여시심 아응멸도일체중생 멸도일체중생이 이무유일중생 실멸도자

當生如是心 我應滅度一切衆生 滅度一切衆生已 而無有一衆生 實滅度者

하이고 수보리 약보살 유아상인상중생상수자상 즉비보살 소이자하

何以故 須菩提 若菩薩 有我相人相衆生相壽者相 卽非菩薩 所以者何

수보리 실무유법 발아뇩다라삼먁삼보리심자 수보리 어의 운하 여래

須菩提 實無有法 發阿耨多羅三藐三菩提心者 須菩提 於意 云何 如來

어연등불소 유법 득아뇩다라삼먁삼보리부 불야 세존 여아 해불소설의

於燃燈佛所 有法 得阿耨多羅三藐三菩提不 不也 世尊 如我 解佛所說義

불 어연등불소 무유법 득아뇩다라삼먁삼보리 불언 여시여 시 수보리

佛 於燃燈佛所 無有法 得阿耨多羅三藐三菩提 佛言 如是如 是 須菩提

실무유법 여래 득아뇩다라삼먁삼보리 수보리 약유법

實無有法 如來 得阿耨多羅三藐三菩提 須菩提 若有法

여래득아뇩다라삼먁삼보리자 연등불 즉불여아수기 어여 내세

如來得阿耨多羅三藐三菩提者 燃燈佛 卽不與我授記 汝於 來世

당득작불 호 석가모니 이실무유법 득아뇩다라삼먁삼보리

當得作佛 號 釋迦牟尼 以實無有法 得阿耨多羅三藐三菩提

시고 연등불 여아수기 작시언 여어내세 당득작불 호 석가 모니

是故 燃燈佛 與我授記 作是言 汝於來世 當得作佛 號 釋迦 牟尼

하이고 여래자 즉제법여의 약유인 언 여래득아뇩다라삼먁 삼보리 수보리

何以故 如來者 卽諸法如義 若有人 言 如來得阿耨多羅三藐 三菩提 須菩提

실무유법 불 득아뇩다라삼먁삼보리 수보리 여래 소득아뇩다라삼먁삼보리

實無有法 佛 得阿耨多羅三藐三菩提 須菩提 如來 所得阿耨多羅三藐三菩提

어시중 무실무허 시고 여래설일체법 개시불법 수보리 소언일체법자

於是中 無實無虛 是故 如來說一切法 皆是佛法 須菩提 所言一切法者

즉비일체법 시고 명일체법 수보리 비여인신장대 수보리언 세존 여래설

卽非一切法 是故 名一切法 須菩提 譬如人身長大 須菩提言 世尊 如來說

인신장대 즉위비대신 시명대신

人身長大 卽爲非大身 是名大身

수보리 보살 역여시 약작시언 아당멸도무량중생 즉불명보살 하이고 수보리

須菩提 菩薩 亦如是 若作是言 我當滅度無量衆生 卽不名菩薩 何以故 須菩提

실무유법 명위보살 시고 불설일체법 무아 무인 무중생 무수자 수보리

實無有法 名爲菩薩 是故 佛說一切法 無我 無人 無衆生 無壽者 須菩提

약보살 작시언 아당장엄불토 시불명보살 하이고 여래설장엄불토자 즉비장엄

若菩薩 作是言 我當莊嚴佛土 是不名菩薩 何以故 如來說莊嚴佛土者 卽非莊嚴

시명장엄 수보리 약보살 통달무아법자 여래 설 명진시보살

是名莊嚴 須菩提 若菩薩 通達無我法者 如來 說 名眞是菩薩

그때 수보리가 부처님께 여쭈었습니다.

"세존이시여! 선남자 선여인이 아뇩다라삼먁삼보리의 마음을 발하였다면 어떻게 머물러야 하며 어떻게 그 마음을 항복시켜야 합니까?"

부처님께서 수보리에게 말씀하셨습니다.

"만일 선남자 선여인이 아뇩다라삼먁삼보리의 마음을 발하였다면 마땅히 이와 같은 마음을 낼지니라. '내가 마땅히 일체중생을 멸도하리라.' 하지만 일체중생을 멸도하기를 마침에 한 중생도 멸도를 얻을 자가 없느니라. 왜냐하면 만일 보살에게 아상과 인상과 중생상과 수자상이 있으면 보살이 아니기 때문이다. 왜 그런가 하면 수보리야! 실로 법이 있어서 아뇩다라삼먁삼보리심을 발한 것이 아니기 때문이다."[64]

"수보리야! 그대는 어떻게 생각하느냐? 여래가 연등불 처소에서 법이 있어 아뇩다라삼먁삼보리를 얻었느냐?"

"아닙니다, 세존이시여! 제가 부처님 말씀을 이해한 바로는 부처님께서 연등불 처소에서 법[65]이 있어서 아뇩다라삼먁삼보리를 얻으신 것이 아닙니다."

부처님께서 말씀하셨습니다.

"그렇다, 그렇다. 수보리야! 실로 법이 있어서 여래가 아뇩다라삼먁삼보리를 얻음이 아니니라. 수보리야! 만일 법이 있어서 여래가 아뇩다라삼먁삼보리를 얻었다면 연등불께서 나에게 수기를 주시면서 '너는 내세에 마땅히 부처를 이루리니 이름을 석가모니라 하리라' 하시지 않으셨을 것이다. 실로 법이 있어서 아뇩다라삼먁삼보리를 얻음이 아니기에 이러한 연고로 연등불께서

---

64 위없는 깨달음을 얻겠다는 원을 세운 사람은 그 마음을 어떻게 머무르며 어떻게 다스려야 하는지 수보리는 다시 한번 부처님께 물었다. 그러자 부처님은 일체중생을 제도하려는 마음을 내고, 그 모두를 열반에 들게 했어도 사실은 한 중생도 제도한 바가 없다고 생각하는 것이 그 길의 출발점이라고 말씀하셨다.

65 여기에서의 '법'은 고정된 실체를 뜻하는 말로, 어떤 고정된 실체가 있어서 그것을 최상의 깨달음이라고 여기고 여래가 그것을 얻었다고 한다면 연등불이 수기를 주시지 않았을 것이라는 이야기이다.

나에게 수기를 주시면서 '내세에 마땅히 부처를 이루리니 이름을 석가모니라 하리라' 말씀하셨느니라. 왜냐하면 여래란 곧 모든 법이 여여하다는 뜻이니라. 만일 어떤 사람이 말하되 '여래께서 아뇩다라삼먁삼보리를 얻었다'라고 하더라도 수보리야! 실로 법이 있어 부처가 아뇩다라삼먁삼보리를 얻음이 아니니라. 수보리야! 여래가 얻은 아뇩다라삼먁삼보리는 이 가운데에 실다움도 없고 공허함도 없다. 이러한 까닭에 여래가 말하기를 '일체 법이 다 불법[66]이라고 하느니라. 수보리야! 일체 법은 곧 일체 법이 아니므로 이름이 일체 법이니라."

"수보리야! 비유컨대 사람의 몸이 큰 것과 같다."

수보리가 말하였습니다.

"세존이시여! 여래께서 몸이 크다고 말씀하심이 곧 큰 몸이 아니라 그 이름이 큰 몸입니다."

"수보리야! 보살 또한 이와 같아서 만일 '내가 마땅히 한량없는 중생을 멸도하리라' 하면 곧 보살이라 이름할 수 없느니라. 왜냐하면 수보리야! 실로 법이 있음이 없기에 이름이 보살이니라. 이러한 까닭에 부처가 '일체 법에 아가 없으며, 인이 없으며, 중생

---

[66] 일체 법이 다 불법이란 말은, 일체 법이 개시불법, '모든 것이 그대로 불법이다'라는 말이다. 많은 경전에서는 삼독을 끊고, 망상을 없애고, 번뇌 업장을 소멸해야 한다고 한다. 하지만, 『금강경』에서는 삼독도 그대로 불법이요, 팔만사천 번뇌도 그대로 불법임을 일깨워주면서 모든 것이 그대로 불법이라는 사실임을 말하고 있다.

이 없으며, 수자가 없다'라고 말하느니라."

"수보리야! 만일 보살이 '내가 마땅히 불국토를 장엄하리라' 하면 곧 보살이라 이름할 수 없느니라. 왜냐하면 여래가 말하는 불국토를 장엄한다는 것은 곧 장엄이 아니라 그 이름이 장엄이기 때문이다. 수보리야! 만일 보살이 무아법을 통달하였다면 여래가 그 이름을 참다운 보살이라 하느니라."

해설

법이라는 정해진 형상이 있어서 그 법을 얻은 것인지를 묻고 있는 부분이다. 어떤 정해진 법이 아뇩다라삼먁삼보리를 얻은 것이 아니라 정해진 법이 없음을 알았을 때 비로소 아뇩다라삼먁삼보리를 얻었다고 할 수 있다는 얘기다. 법을 얻었다고 말하지만 사실 깨달음이란 어떤 정해진 법을 배워서 도달하거나 누구에게 받아 얻는 것이 아니라 정해진 법이 없음을 아는 것이다. 오고 감이 없는 경지, 취하고 버림이 없는 경지, 이런 경지에 이르면 내가 깨달음을 얻었다거나 부처가 되었다는 생각마저도 일어날 여지가 없다.

더러운 것은 버리고 깨끗한 것만을 취하고, 나쁜 것은 버리고 좋은 것만을 취하며, 잘못된 것은 버리고 잘된 것만을 취하는 것이 여래의 법이라고 생각한다면 그것은 법을 전혀 모르고 하는 소리이다. 중생들은 선과 악, 깨끗함과 더러움, 생겨남과 사라짐, 시작과 끝, 내 것과 네 것을 구별하고 좋은 것만 골라 내 것으로 삼고 싶어 한다. 세속의 철학에서는 인간이 선하든 악하든 어떤 본성을 가지고 있다고 주장한다. 이것은 인간의 본성에 실체가 있다는 말이다.

하지만 부처님은 그 모든 구분에 정해진 기준이나 실체가 없다고 하셨다. 상황과 조건에 따라, 인연이 어떻게 일어나느냐에 따라 그것은 선으로 나타나기도 하고, 악으로 나타나기도 한다. 인연에 상관없이 하나로 고정되어 불변하는 성품이란 존재하지 않는다. 내 생각과 관념을 떠난 눈으로 넓고 길게 본다면 행위 자체는 선도 아니고, 악도 아님을 알 수 있다. 이해관계나 가치관, 관념이나 상황에 따라 그 모습이 선이 되기도 하고, 악이 되기도 한다.

죽비가 있다. 참선을 할 때는 시작과 끝을 알리는 도구로 사용되지만 어떤 사람이 죽비의 쓰임을 모르고 지팡이로 사용했다면 그때는 지팡이이다. 또한 등을 긁는 데 썼다면 그때는 등긁이이다. 그런데 등 긁는 용도로 사용하는 것을 보면서 그것은 등긁이가 아니라 죽비라고 고집하면 그것을 법집(法執)이라 한다. 반대로 그것이 죽비라는 걸 알게 된 뒤에도 이건 등긁이라고 고집

부린다면 그것은 아집(我執)인 것이다. 사실은 그것 자체는 죽비도 몽둥이도 등긁이도 아니고 여여한 하나의 존재일 뿐이다. 거기에는 실다움도 헛됨도 없다. 세상 무엇도 정해진 것이 없는 그것이 무아이다.

제십팔, 일체동관분(일체를 하나로 보다)
第十八, 一體同觀分

수보리 어의운하 여래 유육안부 여시 세존 여래 유육안
須菩提 於意云何 如來 有肉眼不 如是 世尊 如來 有肉眼

수보리 어의운하 여래 유천안부 여시 세존 여래 유천안
須菩提 於意云何 如來 有天眼不 如是 世尊 如來 有天眼

수보리 어의운하 여래 유혜안부 여시 세존 여래 유혜안
須菩提 於意云何 如來 有慧眼不 如是 世尊 如來 有慧眼

수보리 어의운하 여래 유법안부 여시 세존 여래 유법안
須菩提 於意云何 如來 有法眼不 如是 世尊 如來 有法眼

수보리 어의운하 여래 유불안부 여시 세존 여래 유불안
須菩提 於意云何 如來 有佛眼不 如是 世尊 如來 有佛眼

수보리 어의운하 여항하중소유사 불설시사부 여시 세존 여래설시사

須菩提 於意云何 如恒河中所有沙 佛說是沙不 如是 世尊 如來說是沙

수보리 어의운하 여일항하중소유사 유여시사등항하 시제 항하소유사수

須菩提 於意云何 如一恒河中所有沙 有如是沙等恒河 是諸 恒河所有沙數

불세계 여시 영위다부 심다 세존

佛世界 如是 寧爲多不 甚多 世尊

불고 수보리 이소국토중 소유중생 약간종심 여래실지

佛告 須菩提 爾所國土中 所有衆生 若干種心 如來悉知

하이고 여래설제심 개위비심 시명위심 소이자하

何以故 如來說諸心 皆爲非心 是名爲心 所以者何

수보리 과거심불가득 현재심불가득 미래심불가득

須菩提 過去心不可得 現在心不可得 未來心不可得

"수보리야! 그대는 어떻게 생각하느냐? 여래에게 육안이 있느냐?"

"그렇습니다, 세존이시여! 여래에게는 육안이 있습니다."

"수보리야! 그대는 어떻게 생각하느냐? 여래에게 천안이 있느냐?"

"그렇습니다, 세존이시여! 여래에게는 천안이 있습니다."

"수보리야! 그대는 어떻게 생각하느냐? 여래에게 혜안이 있느냐?"

"그렇습니다, 세존이시여! 여래에게는 혜안이 있습니다."

"수보리야! 그대는 어떻게 생각하느냐? 여래에게 법안이 있느냐?"

"그렇습니다, 세존이시여! 여래에게는 법안이 있습니다."

"수보리야! 그대는 어떻게 생각하느냐? 여래에게 불안이 있느냐?"

"그렇습니다, 세존이시여! 여래에게는 불안이 있습니다."

"수보리야! 그대는 어떻게 생각하느냐? '항하에 있는 모래와 같이'라고 부처가 모래에 대해 말하였느냐?"

"그렇습니다, 세존이시여! 여래께서 이 모래를 말씀하셨습니다."

"수보리야! 그대는 어떻게 생각하느냐? 항하의 모든 모래 수만큼의 항하가 있고, 이 모든 항하의 모래 수만큼 불세계가 있다면 많다고 하겠느냐?"

"매우 많습니다, 세존이시여!"

부처님께서 수보리에게 말씀하셨습니다.

"저 국토 가운데 있는 중생의 갖가지 종류의 마음을 여래는 모두 아느니라. 왜냐하면 여래가 말한 모든 마음은 다 마음이 아니라 그 이름이 마음이기 때문이다. 왜냐하면 수보리야! 과거의 마음은 얻을 수 없으며, 현재의 마음도 얻을 수 없으며, 미래의 마음도 얻을 수 없기 때문이다."[67]

---

[67] 달마대사가 소림사에 머물 때였다. 어느 날 신광이 찾아와 법을 청했다. 달마대사가 신광에게 묻기를, "어찌 나를 찾아왔는가?" "도를 얻으러 왔습니다." "그런 얕은 마음을 가지고 어찌 도를 얻을 수 있겠느냐?" 이에 신광은 칼로 자신의 한쪽 팔을 잘라 던져버렸다. 그러자 달마대사는 신광을 제자로 받아들였고 대사의 질문은 계속되었다. "무엇을 알고자 하는가?" "마음이 심히 편치 않습니다." "편치 않다는 그 마음을 가져오너라. 그러면 내가 편안하게 해주겠다." 신광은 그동안 불안한 마음에서 벗어나겠다, 마음을 편안히 하겠다고 수행해왔다. 그런데 막상 불안한 마음을 내놓아보라는 말에 말문이 막혀버렸다. 불안한 마음이란 걸 도무지 찾을 수가 없었기 때문이다. "찾아보니 없습니다." "그렇다면 내 이미 네 마음을 편안하게 했노라." 신광은 스승의 한마디에 불현듯 이치를 깨달았다. 이렇게 깨달음을 얻은 신광이 바로 중국 선종 제2대 조사가 된 혜가대사다. 달마대사가 제자에게 깨우쳐준 이치가 바로 '과거심불가득 현재심불가득 미래심불가득'이다. 또한 이치는 뒷날 혜가대사가 제자인 승찬대사와 나누었던 깨달음의 대화에서도 이어진다.

해설

우주의 한량없는 세계가 펼쳐지고 있는데 그 안에는 많은 종류의 중생들이 살고 있다. 그 속에서 하나의 마음, 한 가지 망념들이 나왔다. 부처님께서는 마음의 세계는 실존하는 것이 아님을 말씀하시며 그 공적한 세계를 환히 드러내 보여주셨다. 망념이 사라지면 중생들의 한량없는 갖가지 마음들이 텅 비게 된다. 오직 맑고 깨끗한 마음뿐이다. 부처의 마음이 곧 중생의 마음이고, 중생의 마음이 곧 부처의 마음이니 같은 한 몸인 것이다. 따라서 중생과 부처뿐 아니라 모든 것이 한 몸이다. 따라서 공간, 시간도 혼연히 하나이거늘 무슨 과거, 현재, 미래를 분별할 수 있단 말인가.

따라서 제18장 「일체동관분」은 모든 것을 한 몸으로 동일하게 본다는 뜻이다. 육안, 천안, 혜안, 법안, 불안 등 다섯 가지 특별한 눈을 갖추신 부처님께서 오안(五眼)을 총동원해서 보신 것이 일체동관이다. 중생과 부처는 본래 한 몸인데, 다른 점이 있다면 하나로 보는 이는 부처요, 그렇지 못한 이는 중생인 것이다.

오안(五眼)을 살펴보면 첫 번째 육안(肉眼)은 육체적인 눈, 실제적인 눈, 두루 보지 못하는 제한적인 눈이다. 사람은 손으로 만지고, 코로 냄새 맡고, 귀로 듣고, 혀로 맛보고, 눈으로 보는 다섯 가지 감각기관을 통해 외부 세계를 인식한다. 그 다섯 가지 감각기관 중 특히 눈은 발달 정도가 다른 감각기관보다 우월해서 외부 세계를 인식하는 데 있어 시각에 의지하는 비중이 매우 크다. 여기서 말하는 육안은 단지 시각적 기능만을 의미하는 것이 아니라 다섯 가지 감각기관을 총칭하는 뜻으로 이해해야 한다. 가장 발달된 감각기능인 시각으로 다섯 가지 감각기관을 대표해 말했다고 이해하는 것이 좋다. 그렇다면 부처님의 육안은 어떠했을까? 이 세상 모든 사람이 다섯 가지 감각기관을 통해 대상을 느끼고 받아들인다. 하지만 부처님은 특별한 분이기에 그런 감각쯤은 상관없었을까? 아니다. 우리와 다를 바 없는 육안을 가지고 있었다.

두 번째, 천안(天眼)은 사물의 근본을 통찰하는 직관의 힘이다. 천안은 누구나 다 가지고 있지만, 사람에 따라 더 발달해 있기도 하고, 덜 발달해 있기도 하다. 어떻게 개발하고 노력하느냐에 따라 놀라운 신통을 가질 수도 있다. 실제로 부처님 제자 목건련은 신통제일이라 불릴 만큼 신통력이 뛰어났다. 그렇다면 다섯 가지 감각기관을 육안으로 통칭한 것처럼 천안 역시 다섯 가지 신통력을 아울러 상징한다. 이를 오신통이라 하는데 천안통, 천이통, 신족통, 숙명통, 타심통을 말한다. 천안통은 세간의 모든 고락의 모양과 갖가지 형색을 환히 꿰뚫어 볼 수 있고, 자기와 남의 미래세에 관한 일을 내다볼 수 있는 능력을 말한다. 천이통은 세간의 모든 말과 여러 나라 각 지역의 말, 나아가 짐승의 말까지 듣는 능력을 말한다. 신족통은 뜻대로 모습을 바꾸거나 어디든지 마음대로 날아갈 수 있는 능력을 말하고, 숙명통은 전생을 아는 능력, 타심통은 남의 마음속에 꿰뚫어 아는 능력이다. 이러한 신통은 초월적인 능력을 말한다. 하지만 불교에서는 이런 신통을 중요시하는 것을 경계한다. 비록 보이지 않는 것을 볼 수 있고, 들리지 않는 소리를 들을 수 있는 능력이 있다 해도 누군가 자기를 욕하거나 물건을 빼앗을 때 화가 나고 미워지는 것은 보통 사람과 하나도 다를 바 없다. 신통력은 번뇌가 없고, 걸림이 없는 자유로운 사람이 되는 경지와는 아무 관계가 없다는 말이다. 신통이 중생을 미혹케 하는 경우도 많다. 사람들이 용하다는 점쟁이나 무당에게 찾아가 신통을 구하고자 하는 것도 실은 돈 있고, 권력 있는 사람에게 굽실거리는 것과 같은 마음이다. 내가 갖지 못한 것을 그가 가지고 있다는 이유로 거기에 매달리고 의지하며 신격화해서 스스로를 노예로 만들어버린다. 신통력이 클수록 도가 깊은 것이라고 착각하는 사람도 많다. 이는 돈이 많고 권력이 있어야 행복하다는 가치관, 겉으로 드러나는 현상적 능력으로 우열을 매기는 세속의 잣대를 깨달음의 길에까지 적용한 탓이다.

세 번째, 혜안(慧眼)은 지혜의 눈이다. 천안은 육안의 연장선상에 있다고 말할 수 있지만 혜안은 그와는 전혀 다른 차원이다. 세상의 참모습을 바르게 볼 줄 아는 눈, 제법이 공한 이치를 보는 지혜의 눈이 혜안이다.

네 번째, 법안(法眼)은 인연 따라 일어나는 만상을 하나하나 빠짐없이 훤히 보는 안목을 말한다. 제법이 공한 줄 아는 혜안이 열리면 시비분별하는 마음이 없어지고 안온해진다. 그러나 그것만으로는 중생의 번뇌를 사라지게 하고 제도할 힘이 부족하다. 인연 따라 일어나는 갖가지 모습을 훤히 볼 줄 아는 법안이 열려야 보살이라 할 수 있다.

다섯 번째, 불안(佛眼)은 일체가 여여함을 깨친 안목을 말한다. 여기에 이르러야 비로소 붓다의 지견에 들었다고 할 수 있다. 불안이 열린 붓다는 주객을 완전히 떠난 경지이므로 보이고 보이지 않는 것, 깨닫고 깨닫지 못한 것, 법과 법 아닌 것 등등 모든 구별과 대립이 없다. 주객이 완전히 끊어져 오고 감이 없고 주고받음이 없으니 그야말로 일체가 다 같음을 보는 경지이다. 그런데 여기서 부처님은 왜 수보리에게 부처님이 육안·천안·혜안·법안·불안을 갖추었냐고 묻는 것일까? '본다'라는 말에는 보는 주체와 보이는 대상이 전제되어 있다. 주객이 구별되어 존재하는 상태인 것이다. 그러나 불안의 경지, 주와 객이 사라진 경지, 보는 자와 보이는 대상이 구별되지 않는 경지에서는 본다는 말이 더 이상 성립하지 않는다. 부처님은 육안·천안·혜안·법안·불안을 모두 하나로 보았다. 그래서 그 마음을 깨달으면 부처요, 그 마음이 자비하면 보살이요, 그 마음이 청정하면 성문 연각이요, 그 마음이 선량하면 천인이요, 그 마음이 정직하면 인간이요, 그 마음이 성내고 짜증내면 아수라요, 그 마음이 어리석으면 축생이요, 그 마음이 탐욕에 휩싸이면 아귀요, 그 마음이 번뇌 망상에 찌들어 있으면 지옥이라 했다. 중생도 부처도 다 이 마음 가운데 있다.

어떻게 하면 참으로 자유롭고 행복한 삶을 살 수 있겠느냐는 수보리의 물음에 부처님은 일체중생을 제도하겠다는 마음을 내라고 하였다. 그리고 그런 마음을 내서 뭇 생명을 다 제도한다 해도 '내가 중생을 제도한다'라는 생각을 내지 말라고 하셨다. '내가 중생을 제도한다'라는 생각은 아상, 인상, 중생상, 수자상에 사로잡혀 있는 것이니 그것은 보살의 마음이라 할 수 없기 때문이다.

내가 깨달음을 얻었다고 깨달음에 집착한다면 그것은 이미 깨달음이 아니다. 깨달음을 향해 정진하되 '이것이 깨달음이다', '내가 깨달음을 얻었다!'라는 생각에 사로잡히지 않아야 하고, 일체중생을 제도하는 삶을 살되 중생이라는 상을 짓지 않아야 하며, 쉼 없이 정토를 장엄하되 장엄에 사로잡히는 것을 경계해야 한다. 이것이 어떤 상에도 머무르지 않는 '구경무아, 구경열반'인 것이다.

우리는 "어느 마음에 점을 찍으려 하는가"라는 물음에 무엇이라 답할지 생각해보자.

중국 당나라 덕산선사는 『금강경』에 대해 자신만큼 많이 아는 이가 없다고 자부했다. 그래서 늘 『금강경』을 사람들에게 강의했고, 사람들은 그를 속성인 주를 따서 주금강이라 불렀다. 그런 그가 용담이라는 곳에 숭신이라는 선사가 많은 제자들에게 깨달음의 눈을 열어주고 있다는 소문을 듣고 자신이 지은 『금강경 청룡소초』를 바랑에 짊어지고는 길을 떠났다. 덕산선사가 용담 근처에 도착해 점심(點心) 요깃거리를 찾다가 떡 파는 노파를 만났다. 선사는 할머니에게 말했다. "점심 요기를 하려 했는데 마침 잘됐소, 떡을 좀 파시구려." 그런데 할머니는 떡을 내놓는 대신 선사가 짊어진 봇짐에 눈길을 던지며 물었다. "그 속에 무엇이 들었소?" "아, 이것은 『금강경』에 관한 책이라오." "그렇다면 정말 잘됐소, 내가 평소에 『금강경』에 궁금한 대목이 있었는데 스님이 대답해준다면 떡은 공짜로 드리리다. 하지만 대답을 못 하면 돈을 준다 해도 떡을 팔지 않겠소."

덕산선사는 『금강경』에 대한 질문이라면 무엇이든 자신 있었으므로 호탕하게 그러자고 했다. 할머니가 물었다.

"『금강경』에 '과거심불가득 현재심불가득 미래심불가득'이라는 구절이 있는데 스님은 그중 어느 마음에 점을 찍으려 하시오?" 선사의 점심이라는 말에 할머니는 '마음에 점을 찍는다'라는 뜻으로 선문답을 던진 것이다.

덕산선사는 순간적으로 말문이 막혔다. 『금강경』에 대해서만큼은 완벽하게 통달했다고 자부했건만 이와 같은 물음은 난생처음이었고 그에 대한 답도 알지 못했던 것이다. 용담 근처에서 만난 떡장수 할머니의 수준이 이만하다면 숭신선사는 두말할 나위도 없으리라는 두려움이 일었다. 하지만 용담에 도착해서는 그런 당혹감을 떨쳐버리고 숭신선사를 찾아 첫마디를 던졌다. "용담에 와보니 용도 없고 담도 없구나." 그러고는 『금강경』에 대한 온갖 지식을 펼쳐놓기 시작했다. 숭신선사는 밤이 깊도록 잠자코 그의 말을 듣기만 했다. 덕산선사는 숭신선사가 소문과는 달리 별 볼 일 없는 사람이라 생각하고는 잠자리에 들기 위해 촛불을 들고 방문을 나섰다. 그때 곁에 있던 숭신선사가 갑자기 덕산선사가 들고 있던 촛불을 훅! 하고 불어 꺼버렸다. 순식간에 온 천지가 깜깜해졌고, 그 순간 덕산선사는 한 생각 돌이켜 크게 깨달았다. 그리고 다음 날 아침 덕산선사는 자신이 짊어지고 온 『금강경』 주석서를 앞마당에 쌓아놓고 불을 질러버리고는 그곳을 떠났다. 덕산선사는 그 뒤로 누가 자기에게 와서 법을 물으면 아무 대답 없이 몽둥이로 후려쳤다고 한다.

'덕산 방'이라 불리는 덕산선사의 몽둥이 이야기는 이런 깨달음에서 시작되었다. 이는 지식에 사로잡히고 망념에 사로잡힌 정신을 번쩍 들게 하기 위함이다. 지식 위주의 공부를 떠나서 깨달음에 방해가 되는 문제를 뛰어넘기 위한 방편이라 하겠다.

제십구, 법계통화분(법계를 교화하다)
第十九, 法界通化分

수보리 어의운하 약유인 만삼천대천세계칠보 이용보시 시인

須菩提 於意云何 若有人 滿三千大千世界七寶 以用布施 是人

이시인연 득복다부 여시 세존 차인 이시인연 득복 심다

以是因緣 得福多不 如是 世尊 此人 以是因緣 得福 甚多

수보리 약복덕 유실 여래불설득복덕다 이복덕 무고 여래설 득복덕다

須菩提 若福德 有實 如來不說得福德多 以福德 無故 如來說 得福德多

"수보리야! 그대는 어떻게 생각하느냐? 만일 어떤 사람이 삼천대천세계에 칠보를 가득히 하여 보시하면 이 사람이 인연으로써 복 얻음이 많지 않겠느냐?"

"그렇습니다, 세존이시여! 그 사람은 이 인연으로써 복 얻음이 매우 많습니다."

"수보리야! 만일 복덕이 실로 있다면 여래가 복덕 얻음이 많다고 말하지 않으련만, 복덕이 없으므로 여래가 복덕이 많다고 말하느니라."[68]

해설

불교에서는 온 세상을 법계라 한다. 무상, 무주의 반야를 법계에 널리 펴서 중생을 모두 제도한다. 법계를 한꺼번에 교화한다는 뜻에서 통화(通化)라 하였다.

수보리는 부처님이 지니신 다섯 가지 눈, 육안과 천안과 혜안, 법안과 불안이 과연 어떻게 얻어졌는가를 물었다. 부처님은 그 다섯 가지 눈, 일체를 깨닫는 그 안목들이 따로따로 존재하지 않음을 말씀하셨다. 내 몸의 눈과 귀, 코와 혀, 손이 별개의 기관

---

[68] 내가 어떤 마음으로 임하느냐에 따라 온갖 것이 다 복이 되기도 하고 재앙이 되기도 한다. 중생심으로 보는 이에게는 재앙이 되고, 불보살의 마음으로 대하는 이에게는 복이 된다. 복이라고 할 성질이 없으므로 인연 따라 세상 모든 일이 다 복이 될 수 있다. 이렇게 본래 복덕이라고 할 것이 없으므로 오히려 복덕이 많다고 하는 것이다.

같지만 한 몸이듯 그 다섯 가지 눈은 부처라는 하나의 인격이 여러 작용으로 드러나는 모습일 뿐이다. 부처와 중생, 번뇌와 보리, 주관과 객관, 본질과 현상을 둘로 나누어 모양을 지으면 그것은 상이 되어버린다. 일체가 한 몸이고 하나임을 보아야 한다. 앞에서 말한 바와 같이 이것이 일체동관이다. 그런데 사람들은 늘 사랑받고 싶어 하고, 인정받고 싶어 하고, 도움받고 싶어 한다. 끊임없이 무언가를 얻고자 한다. 삶의 괴로움은 이렇게 남에게 의지하고 기대하는 마음, 얻으려는 마음에서 비롯된다. 마음이 평안하고 행복해지고 싶은 이는 얻으려는 생각을 버리고 베푸는 삶을 살아야 한다. 사랑하고 이해하고 베풀며 남을 위하는 마음을 내야 한다. 그것이 바로 중생을 제도하는 보살이다. 그러나 중생을 제도하겠다는 원을 세워 실천하더라도 내가 지금 중생을 제도한다는 마음에 머물러서는 안 된다. 나와 중생을 구별하고 내가 중생을 제도한다는 생각은 내 마음이 일으키는 분별에 불과하다. 이러한 내 분별이 사라지면 세상은 있는 그대로 청정하고 모든 사람이 지금 그대로 완전한 부처임을 볼 수 있다. 장엄할 국토도 없고 제도할 중생도 없는 이치가 이와 같다. 그러면 이처럼 중생과 국토가 본래 있지 않고 지극한 마음으로 보시하고도 복 받을 일이 없다면 과연 애써 수행할 필요가 있을까 의문이 든다. 나는 사랑하지 않으면서 사랑 받기 바라고, 베풀지 않으면서 복 받기 바랐다면 이제 사랑하고 베풀면서 그만큼의 사랑과 복을 돌려받기를 기대하는 마음을 낸다. 인간은 욕구에 의해 움직이는 존재인데 과연 모든 욕구를 버리고도 의미 있는 행위가 가능할까?

    제19장은 그런 의문에 대한 문답으로 진행된다. 부처님은 이미 제4장에서도 무주상보시의 헤아릴 수 없는 공덕을 설하셨지만, 우리의 미혹함을 아시고 다시 무주상보시의 공덕을 강조하셨다.

제이십, 이색이상분(색을 떠나고 상을 여의다)
第二十, 離色離相分

수보리 어의운하 불 가이구족색신 견부 불야 세존

須菩提 於意云何 佛 可以具足色身 見不 不也 世尊

여래 불응이구족색신 견 하이고 여래설 구족색신 즉비구족색신

如來 不應以具足色身 見 何以故 如來說 具足色身 卽非具足色身

시명구족색신 수보리 어의운하 여래 가이구족제상 견부 불야 세존

是名具足色身 須菩提 於意云何 如來 可以具足諸相 見不 不也 世尊

여래 불응이구족제상 견 하이고 여래설제상구족 즉비구족 시명제상구족

如來 不應以具足諸相 見 何以故 如來說諸相具足 卽非具足 是名諸相具足

"수보리야! 그대는 어떻게 생각하느냐? 부처를 가히 구족 색신[69]으로 볼 수 있겠느냐?"

"볼 수 없습니다, 세존이시여! 여래를 응당 구족 색신으로써 보지 못합니다. 왜냐하면 여래께서 구족 색신이라 말씀하심이 곧 구족 색신이 아니라 그 이름이 구족 색신이기 때문입니다."[70]

"수보리야! 그대는 어떻게 생각하느냐? 여러 가지 상호를 잘 갖추고 있는 것으로 여래라고 볼 수 있겠느냐?"

"볼 수 없습니다, 세존이시여! 여러 가지 상호를 잘 갖추고 있는 것으로 반드시 여래라고 볼 수 없습니다. 왜냐하면 여래께서 말씀하신 여러 가지 상호를 잘 갖추고 있다는 것은, 곧 여러 가지 상호를 잘 갖추고 있는 것이 아니라 그 이름이 여러 가지 상호를 잘 갖추고 있는 것이기 때문입니다."[71]

---

69 색신(色身)은 육신, 몸뚱이를 뜻한다. 흔히 부처님을 법신, 보신, 화신으로 나누어 설명하는데 이 중 화신을 뜻하는 것이기도 하다.

70 눈으로 보는 대상, 귀로 듣는 소리, 코로 맡는 냄새, 혀로 느끼는 맛, 손으로 만져지는 감촉, 머릿속의 분별하는 알음알이로 부처의 참모습을 볼 수 없다. 오직 지혜의 눈이 열릴 때만이 여래의 모습을 보게 된다. 제법이 청정하다는 말은 청정함과 더러움을 구분하는 가운데 청정하다는 게 아니라, 청정함과 더러움의 구별이 본래 없으므로 있는 그대로가 청정하다는 뜻이다. 마음이 청정하면 세계가 청정한 것이다.

71 부처님의 말씀은 언제나 중생의 조건과 근기에 맞추어 설해진다. 수보리와의 문답으로 이루어진 『금강경』은 그러한 특징이 생생하게 드러난다. 누군가 '저 사람은 너무 느려' 하고 불평을 하면 '느리다는 것은 본래 없다'라고 깨우쳐주고, '저 사람은 너무 빨라서 탈이야' 하면 '빠른 것도 본래 없다'라고 일깨운다. 부처님은 사람들이 어느 한쪽에 집착하면 바로 그 집착을 부서뜨림으로써 미혹을 깨우쳐주신다. 규정하고 집착하는 마음을 풀어버리는 것이 상을 떠나는 길, 모양을 떠나는 길이다. 마음이 물처럼 흘러갈 때 우리는 점점 더 자유로운 상태로 나아갈 수 있다. 이것이 제상이 상이 아님을 알 때 깨달음을 얻는 이치이다. 제상이 구족하다는 가르침은 구족하다고 규정할 기준이 본래 없다는 뜻이며, 고정된 상이 본래 없으므로 '이것을 하라'라거나 '이것을 하지 마라'라는 가르침도 다만 인연에 따라 생길 뿐이다.

해설

여래께서 중생들이 시비분별에 빠질까 염려하신 까닭에 중생의 마음병을 막아서 보살피고 분별의 소견을 일으키지 못하게 하여 허망한 생각을 벗어버려서 집착하지 못하게 한 것이다.

따라서 나와 네가 연기적 관계임을 알고 내가 상대를 제도하는 것이 아님을 알면 거기에는 교화한다는 생각도 없고, 제도한다는 생각도 없으며, 바라는 마음도 없고, 불쌍히 여기는 마음이 머무는 바도 없다. 발에 가시가 박혔을 때 머리가 그것을 알아차리고 입이 '아야!' 소리를 내고, 눈이 가서 살펴보고, 손이 가시를 골라 빼내는 것과 같다. 보살은 그런 마음으로 중생을 교화한다. 중생과 나를 구분하지 않으므로 중생의 문제가 곧 내 문제니 다만 스스로 행할 따름이다.

그렇게 제도할 중생도 없고, 장엄할 정토도 없고, 지을 복도 없다는 부처님의 말씀에 수보리는 새로운 의심이 일었던 것이다. 중생 제도와 국토 장엄은 성불의 씨앗이다. 법장비구도 중생을 제도하고 극락정토를 장엄하는 데 온 생애를 바침으로써 아미타불로 성불했다. 그런데 제도할 중생도 없고, 장엄할 정토도 없고, 지을 복도 없고, 증득할 깨달음마저 없다고 했으니 이루어야 할 부처 역시 없다는 뜻이다. 그렇다면 깨달음을 증득한 부처님은 도대체 무엇인가? 중생을 제도할 일도 없고, 국토를 장엄할 일도 없다는 것은 성불의 씨앗이 없다는 것이며 결국 부처도 없다는 말이 된다. 이런 의문에 휩싸인 수보리에게 부처님은 다시 묻는다.

제이십일, 비설소설분(설할 것이 없는 설법)
第二十一, 非說所說分

수보리 여물위 여래작시념 아당유소설법 막작시념 하이고 약인 언

須菩提 汝勿謂 如來作是念 我當有所說法 莫作是念 何以故 若人 言

여래유소설법 즉위방불 불능해아소설고 수보리 설법자 무법가설 시명설법

如來有所說法 卽爲謗佛 不能解我所說故 須菩提 說法者 無法可說 是名說法

이시 혜명수보리 백불언 세존 파유중생 어미래세 문설시법 생신심부 불언

爾時 慧命須菩提 白佛言 世尊 頗有衆生 於未來世 聞說是法 生信心不 佛言

수보리 피비중생 비불중생 하이고 수보리 중생중생자 여래
설 비중생 시명중생

須菩提 彼非衆生 非不衆生 何以故 須菩提 衆生衆生者 如來
說 非衆生 是名衆生

"수보리야! 그대는 여래가 '내가 마땅히 말한 바 법이 있다'라고 생각한다고 말하지 마라. 그렇게 생각하지 말지니, 왜냐하면 만일 어떤 사람이 '여래께서 설한 바 법이 있다'라고 한다면 이는 곧 부처를 비방하는 것이 되며, 내가 말한 바를 전혀 이해하지 못하는 것이 되기 때문이다. 수보리야! 법을 말한다는 것은 설할 수 있는 법이 없고, 그 이름이 법일 뿐이니라."[72]

그때 혜명[73] 수보리가 부처님께 여쭈었습니다.

---

72 부처님은 말에 집착하지 말라 하셨다. 아상을 버리고, 법상도 버리라는 것이다. 법이 진리라는 이름을 갖고 있지만 이것마저 상이 되어 법상에 집착하면 진리에 어긋난다. 설령 부처님이 말씀하신 것을 기록했다 하더라도 거기에 맹목적인 절대성을 부여하는 것은 진리로 가는 길이 아니다. '법을 말한다는 것은 법을 가히 말할 수 없는지라 이 이름이 법을 말함'이라는 말은 언뜻 말장난 같아 보이지만 조금만 깊이 생각해보면 그 속에 심오한 뜻이 담겨 있다. 부처님은 자신의 말조차도 고정불변의 진리로 절대화하면 안 된다는 것을 밝힘으로써 진리는 언제나 살아 숨 쉬는 것임을 강조하셨다. "아난다여, 그러므로 그대들은 자신을 섬으로 삼고, 자신을 귀의처로 삼아 머물고 남을 귀의처로 삼아 머물지 말라. 법을 섬으로 삼고, 법을 귀의처로 삼아 머물고 다른 것을 귀의처로 삼아 머물지 말라." 이는 부처님이 열반 직전에 제자들에게 하신 말씀이다. 이를 중국에서는 '자등명 자귀의, 법등명 법귀의'라고 번역했다. 부처님의 마지막 이 말씀은 자기 스스로를 의지하라는 것이다.

73 혜명(慧命)은 '지혜를 생명으로 한다'라는 뜻으로 특별히 혜명 수보리라고 한 까닭은, 수보리는 공의 도리를 잘 이해하는 해공제일일 뿐만 아니라 미래세에 남다른 식견이 있는 지혜제일이기 때문이다.

"세존이시여! 자못 중생들이 저 미래 세상에 이 법 설하심을 듣고 믿는 마음을 내겠습니까?"

부처님께서 말씀하셨습니다.

"수보리야! 저들은 중생이 아니요 중생이 아닌 것도 아니니라. 왜냐하면 수보리야! 중생이라 하는 것은 여래가 중생을 말함이 아니라 그 이름이 중생이기 때문이다."[74]

---

[74] 원효대사가 한때 명성과 신분을 숨기고 어느 절에 들어가 공양간에서 허드렛일을 하며 지낸 적이 있었다. 젊은 승려들에게 무시당하며 절의 부목이 되어 밥을 짓고 불을 지펴주면서 살았던 것이다. 그런데 이 절 꼽추 스님이 있었는데 다들 이 스님을 방울 스님이라 불렀다. 걸식을 할 때 말없이 방울만을 흔들었기 때문이다. 방울 스님은 항상 다른 스님들이 공양이 다 끝난 뒤 부엌에 나타나 누룽지 남은 게 있으면 달라 해서 먹곤 했다. 다른 스님들은 물론이고 부목들까지 무시하고 놀려도 개의치 않고 누룽지만 먹고 히죽 웃으면서 돌아다녔다. 원효 스님은 그런 방울 스님을 불쌍히 여겨 늘 자비로운 마음으로 잘 대해주었다. 어느 날 원효 스님은 마루를 닦는데 학승들이 법에 대해 이러니저러니 이치에 어긋난 이야기를 하고 있는 것을 들었다. 답답했던 스님은 자신의 신분이 부목인 것을 깜박 잊고 불쑥 끼어들어 말해버렸다. 스님들은 부목의 정체를 의심했고, 이런 위험에 처한 원효 스님은 대중들이 잠든 사이 살짝 대문을 열고 나오려는 순간 문간방에 있던 방울 스님이 방문을 탁 열고 말했다. "원효, 잘 가시게." 그동안 원효 스님의 눈에는 방울 스님이 보이지 않았지만 방울 스님의 눈에는 원효 스님의 말과 행동이 훤히 보였다. 원효 스님은 자기 생각으로 방울 스님을 불쌍히 여기고 열심히 구제했던 것이다. 방울 스님은 원효 스님이 이런 보살행을 해보겠다고 애쓰는 것도 다 꿰뚫어 보고 있었다. "원효, 잘 가시게." 이 한마디에 원효 스님은 그때까지 가지고 있던 자신의 환영을 확 깰 수 있었다.

해설

  이번에는 수보리가 의심을 표하기 전에 부처님이 먼저 말씀하셨다. 여래가 형상이 아니라면 과연 누가 법을 설하는가? 법이라는 것이 과연 존재하는가? 붓다는 과연 법을 설했는가? 이는 우리가 또다시 '법이 있다', '법이 설해진다'라는 생각에 빠져 있음을 보신 것이다. 중생이라고 부르지만 실은 중생이 따로 있지 않으니 지금 그 이름이 다만 중생일 뿐이다. 한 생각을 어리석게 내면 중생이라 부르고, 어리석은 생각을 내려놓으면 부처라고 부를 뿐, 본래 중생과 부처가 따로 있지 않다. 이것이 '비설소설', 설할 법이 없는 실상인 것이다.

제이십이, 무법가득분(얻을 바 없으니)
第二十二, 無法可得分

수보리 백불언 세존 불 득아뇩다라삼먁삼보리 위무소득야
須菩提 白佛言 世尊 佛 得阿耨多羅三藐三菩提 爲無所得耶

불언 여시여시 수보리 아어아뇩다라삼먁삼보리 내지 무유 소법가득 시명아뇩다라삼먁삼보리
佛言 如是如是 須菩提 我於阿耨多羅三藐三菩提 乃至 無有 少法可得 是名阿耨多羅三藐三菩提

수보리가 부처님께 여쭈었습니다.

"세존이시여! 부처님께서 아뇩다라삼먁삼보리를 얻으심은 얻은 바가 없는 것입니까?"

부처님께서 말씀하셨습니다.

"그러하니라, 그러하니라. 수보리야! 내가 아뇩다라삼먁삼보리 내지 작은 법도 가히 얻은 것이 없으므로 이 이름이 아뇩다라삼먁삼보리라 하느니라."[75]

해설

부처님은 팔만사천 법문을 설하였으되 실은 한 법도 설한 바가 없다. 사물이 거울 앞에 서면 거울에 사물의 모습이 고스란히 드러나듯이, 부처님은 중생의 처지에 따라 그때그때 법을 설하므로 '이것이 법이다!'라고 규정할 수 있는 하나의 법이 존재하지 않는다. 이것이 무법가득(無法可得)인 것이다.

그런데 그렇게 법이 일정한 모습을 갖지 않고 시간이나 공간에 머무는 것도 아니라면 우리는 대체 어떻게 해야 깨달음에 이를 수 있을까? 수보리는 부처님께 "아뇩다라삼먁삼보리를 얻으심은 가히 한 법도 얻으심이 없는 것입니까" 하고 물었다.

이 질문은 수보리가 이치를 깨치지 못해서 한 질문이 아니다. 부처님께 자신이 그동안의 문답에서 터득한 이치를 다시 한번 확인해주시길 청하는 질문이다. 부처님은 이 물음에 흔쾌히 답했다. 가장 높고 평등한 깨달음을 얻었다 하는 것은 오히려 한 법도 얻은 바가 없기 때문이니 다만 아뇩다라삼먁삼보리라고 이름할 뿐이다.

---

75 일체 분별이 끊어진 자리, 더 이상 버릴 것도 얻을 것도 없는 경지에 이르렀을 때 이를 가리켜 최상의 깨달음, 아뇩다라삼먁삼보리를 증득했다고 말한다. 진리의 실체, 법의 실체가 존재하므로 그것을 얻었다는 뜻이 아니다. 어느 것도 정해져 있지 않은 도리를 깨닫는 그 자체가 무유정법이다. 무엇이라 정해져 있지 않은 그 도리를 만나는 순간 '법을 깨달았다, 깨달음을 얻었다'라고 이름한다. 만일 내가 한 법도 정해져 있지 않음을 알고 나라는 고집을 완전히 버린다면 그 무엇도 정해진 바가 없는 까닭에 오히려 무엇이든지 될 수 있다. 텅 빈 그릇에는 무엇이든 담을 수 있는 것과 같은 이치이다.

제이십삼, 정심행선분(텅 빈 마음으로 선을 행하다)
第二十三, 淨心行善分

부차 수보리 시법 평등 무유고하 시명아뇩다라삼먁삼보리

復次 須菩提 是法 平等 無有高下 是名阿耨多羅三藐三菩提

이무아무인무중생무수자 수일체선법 즉득아뇩다라삼먁삼보리

以無我無人無衆生無壽者 修一切善法 卽得阿耨多羅三藐三菩提

수보리 소언선법자 여래설 즉비선법 시명선법

須菩提 所言善法者 如來說 卽非善法 是名善法

"또한 수보리야! 이 법은 평등하여 높고 낮음이 없으니 이 이름이 아뇩다라삼먁삼보리라고 하느니라. 아상이 없고 인상이 없고 중생상이 없고 수자상이 없음으로써 일체 선법을 닦으면 곧 아뇩다라삼먁삼보리를 얻으리라. 수보리야! 말한 바 선법이라는 것은 여래가 선법을 말함이 아니라 그 이름이 선법이다."[76]

해설

　깨달았다는 생각이 없는 마음, 법을 모양 짓지 않는 마음, 중생을 구분하지 않는 마음을 정심이라 한다. 정심은 깨끗한 마음이다. 욕심 없는 마음, 번뇌 없는 마음, 집착 없는 마음, 참으로 깨끗해서 티끌 한 점 없는 청정무구의 마음이 정심이다. 하지만 깨끗한 마음이라 해서 더러움과 깨끗함이 따로 있는 속에서 더러움을 버리고 깨끗함을 취한다는 뜻이 아니다.

　깨끗한 마음이란 더럽고 깨끗함의 구별이 본래 없는 줄을 알고 아무 분별을 일으키지 않는 마음이다. 또한 진실로 선한 행동은 아무 바라는 마음 없이, 자신이 행한다는 생각마저도 없이 행해진다. 정심행선(淨心行善)은 그래서 물이 자기의 모습을 고집하지 않고 담기는 그릇에 따라 모양을 바꾸듯 그렇게 자연스러운 행을 말한다.

76　정심(淨心)은 어디에도 집착하지 않는 무주의 마음이고, 어떠한 형상도 짓지 않는 무상의 마음이다. 또한 일체 분별을 일으키지 않는 무념의 마음이다.

제이십사, 복지무비분(복과 지혜는 비교할 수 없다)
第二十四, 福智無比分

수보리 약삼천대천세계중 소유제수미산왕 여시등칠보취
須菩提 若三千大千世界中 所有諸須彌山王 如是等七寶聚

유인 지용보시 약인 이차반야바라밀경 내지사구게등 수지 독송 위타인설
有人 持用布施 若人 以此般若波羅密經 乃至四句偈等 受持 讀誦 爲他人說

어전복덕 백분불급일 백천만억분 내지산수비유 소불능급
於前福德 百分不及一 百千萬億分 乃至算數譬喩 所不能及

"수보리야! 만일 삼천대천세계 중에 있는 모든 수미산왕만 한 칠보 더미를 어떤 사람이 가져다 보시하여도, 만일 어떤 사람이 이 반야바라밀경 내지 사구게[77] 등을 수지 독송하며 다른 사람을 위하여 말한다면 앞의 복덕은 백 분의 일에도 미치지 못하며 백천만억 분의 일 내지 숫자를 헤아리는 비유로도 능히 미치지 못하느니라."[78]

해설

　부처님은 아무 모양을 짓지 않는 행을 통해 모양 없이 지어지는 복, 무위의 행에 따른 무루복은 참으로 한량이 없다고 하셨다. 생각을 일으키고 형상에 집착하고 바라는 바를 이루려는 마음에 따라 일어나는 유위의 행과 그로 말미암아 지어지는 유루복은 진리를 깨침으로써 누리게 되는 복덕과는 비교할 바가 못

77　『금강경』에는 많은 사구게가 있다. 그중 대표적인 사구게를 살펴보면, 모든 상에는 고정된 실체가 없으므로 상에 대한 집착을 버릴 때 비로소 세상의 참모습을 보고 자유로운 삶을 살아갈 수 있다는 제5, 「여리실견분」의 '범소유상 개시허망 약견제상비상 즉견여래', 제10, 「장엄정토분」의 '불응주색생심 불응주성향미촉법생심 응무소주 이생기심', 제26, 「법신비상분」의 '약이색견아 이음성구아 시인행사도 불능견여래', 제32, 「응화비진분」의 '일체유위법 여몽환포영 여로역여전 응작여시관'이 있다. 이 사구게가 전하는 말씀은 모두 한 가지이다. 모든 상에는 고정된 실체가 없으므로 상에 집착을 버릴 때 비로소 세상의 참모습을 보고 자유로운 삶을 살 수 있다는 가르침이다.

78　삼천대천세계에 가득한 칠보로 남을 위해 보시한 그 복도 헤아릴 수 없이 많지만, 『금강경』의 이치를 통달하여 반야의 지혜를 성취한 그것과는 비교할 수 없음을 말한다. 백분의 일, 천분의 일, 만분의 일도 미칠 수 없다. 그것은 유위와 무위의 차이이며, 유루와 무루의 차이이며, 유한과 무한의 차이이며, 상대와 절대의 차이인 것이다. 따라서 자신의 반야를 알지 못하면 천하를 덮을 복이 있다 해도 제도받을 수 없고, 생사의 속박에서 벗어날 수도 없다. 따라서 유루의 복과 무루의 지혜를 비교할 수 없음은 너무나도 당연한 일이다. 「복지무비분」에서는 복을 짓기보다 지혜에 초점을 맞춰서 살아가야 한다는 것을 말하고 있다. 『금강경』에서 지혜를 강조하는 것도 자비와 복덕을 제대로 이루어지게 하기 위함이다.

된다. 복지무비(福智無比), 깨달음의 지혜는 우리를 완전한 자유와 행복의 경지로 이끌어준다. 그 복덕은 어떤 경우에도 사라지거나 흔들림이 없다. 따라서 복과 지혜는 서로 비교가 되지 않을 만큼 천하를 덮는 복도 지혜와는 비교할 수 없음을 말한다. 지혜가 있으면 복을 짓는 방법을 알게 되어 자연스럽게 복이 물 흐르듯 따라오게 된다. 『금강경』에서 지혜를 강조하는 것은 제대로 된 자비와 복덕을 이루길 바라서다.

제이십오, 화무소화분(교화하여도 교화함이 없다)
第二十五, 化無所化分

수보리 어의운하 여등 물위여래작시념 아당도중생 수보리 막작시념

須菩提 於意云何 汝等 勿謂如來作是念 我當度衆生 須菩提 莫作是念

하이고 실무유중생 여래도자 약유중생 여래도자 여래 즉 유아인중생수자

何以故 實無有衆生 如來度者 若有衆生 如來度者 如來 卽 有我人衆生壽者

수보리 여래설 유아자 즉비유아 이범부지인 이위유아 수보리 범부자 여래설 즉비범부 시명범부

須菩提 如來說 有我者 卽非有我 而凡夫之人 以爲有我 須菩提 凡夫者 如來說 卽非凡夫 是名凡夫

"수보리야! 그대는 어떻게 생각하느냐? 그대들은 여래가 '내가 마땅히 중생을 제도한다'라고 생각한다고 말하지 마라. 수보리야! 그렇게 생각하지 말지니, 왜냐하면 실로 여래가 제도한 중생이 없기 때문이다. 만일 중생이 있어 여래가 제도한 것이라 한다면 여래가 곧 아·인·중생·수자가 있음이니라. 수보리야! 여래가 '아가 있다'라고 말하는 것은 곧 '아가 있는 것'이 아니거늘, 범부는 '아가 있다'라고 말하는 것은 곧 '아가 있는 것'이 아니거늘, 범부는 '아가 있다'라고 하느니라. 수보리야! 범부라는 것은 여래가 범부를 말함이 아니라 그 이름이 범부니라."[79]

해설

부처님은 일체중생을 제도하고 교화했지만 정작 이 법을 사람들에게 전해야겠다고 집착한 바 없이 널리 법을 설하여 중생을 제도하였다. 이처럼 법을 설하기 전에는 반드시 청법(請法), 즉 법

---

[79] 인간의 몸은 연기로 이루어져 있다. 사대(지·수·화·풍), 오온(색·수·상·행·식), 육근(안근·이근·비근·설근·신근·의근) 등 온갖 인연이 화합하여 이루어진 것이다. '나'라는 것을 하나하나 분해해보면 고정불변의 실체가 없다. 부처님께서 진리를 깨닫고 보니 아가 없으므로 여래가 설한 바 아가 있다고 하는 것은 즉비유아(卽非有我)인 것으로 아가 없다고 계속 말씀하시는 것이다. 그런데 범부들은 계속 아가 있다고 생각하여 범부가 있다고 착각한다. 따라서 부처님은 범부가 있다고 생각할까 봐 '이름이 범부일 뿐'이라고 강조하셨다.

제이십오, 화무소화분(교화하여도 교화함이 없다)

을 청하는 절차가 있으며, 이는 질문이 있어야 응답이 있다는 의미다. 사람들은 마음속에 할 말이 가득하지만 상대가 들으려 하지 않으니 실컷 털어놓지 못해서 아쉬움을 느낀다. 세상 사람들에게 내 뜻과 내 마음과 내 주장과 내 처지를 이해받으려는 생각에 하고 싶은 말이 끝도 없다. 하지만 부처님은 세상 누구에게도 아무 할 말이 없다. 다만 어떤 사람이 찾아와 자기 괴로움을 호소하면 그가 괴로움에서 벗어날 수 있도록 길을 열어 보여주었을 뿐이다.

사람들은 인생을 살아가다 힘든 고비를 만나면 '내가 어찌 이런 일을 겪게 됐을까' 하고 한탄한다. 이런 생각의 밑바탕에는 억울함과 원망이 깔려 있다. 인연과를 믿는다면 나와 연관되어 있음을 알고, 그 일이 일어난 원인을 찾아 진지하게 성찰해야 한다.

이 세상에 저절로 일어나는 일은 없다. 단지 내가 그 일의 원인을 모를 뿐이다. 내가 처한 상황이나 사건이 나와 관련되어 있음을 인정하고 내가 마땅히 겪어야 하는 일이라고 있는 그대로 받아들이는 마음가짐이 공부의 시작이다. 그다음에는 그렇게 될 수밖에 없었던 원인을 찾아서 제거해나가야 한다. 나중에 참회만 하면 모든 일의 원인과 결과가 다 소멸된다는 식으로 단순하게 생각해서는 안 된다. 이미 일어난 일의 원인과 결과는 참회한다고 바뀌거나 없어지지 않는다. 이미 일어난 일을 돌이킬 수 없다. 하지만 지금 인연과의 법칙을 외면하고 억울해하고 원망만 하고 있다면 이 순간에도 미래의 고통이 되는 원인의 씨앗을 계속 뿌리고 있는 것이다. 이미 뿌려진 씨앗의 결과는 받아들이되 다시는 그런 씨앗을 뿌리지 않으려는 노력을 해야 한다. 계율을 지키는 것은 더는 어리석은 씨앗을 뿌리지 않으려는 노력인 것이다.

제이십육, 법신비상분(법신은 상이 아니다)
第二十六, 法身非相分

수보리 어의운하 가이삼십이상 관여래부 수보리언 여시여시

須菩提 於意云何 可以三十二相 觀如來不 須菩提言 如是如是

이삼십이상 관여래 불언 수보리 약이삼십이상 관여래자 전륜성왕 즉시여래

以三十二相 觀如來 佛言 須菩提 若以三十二相 觀如來者 轉輪聖王 卽是如來

수보리 백불언 세존 여아해불소설의 불응이삼십이상 관여래 이시 세존

須菩提 白佛言 世尊 如我解佛所說義 不應以三十二相 觀如來 爾時 世尊

이설게언 약이색견아 이음성구아 시인행사도 불능견여래

而說偈言 若以色見我 以音聲求我 是人行邪道 不能見如來

"수보리야! 그대는 어떻게 생각하느냐? 삼십이상으로써 여래를 볼 수 있겠느냐?"

수보리가 대답하였습니다.

"그렇습니다. 그렇습니다. 삼십이상으로써 여래를 볼 수 있습니다."[80]

부처님께서 말씀하셨습니다.

"수보리야! 만일 삼십이상으로써 여래를 본다면 전륜성왕이 곧 여래이니라."

수보리가 부처님께 말씀드렸습니다.

"세존이시여! 제가 부처님이 말씀하신 바 뜻을 알기로는, 삼십이상으로써 여래를 보지 못합니다."

그때 세존께서 게송으로 말씀하셨습니다.

"만일 색으로써 나를 보려 하거나 음성으로써 나를 구한다면, 이 사람은 사도를 행하는 것이니 능히 여래를 보지 못하리라."[81]

---

80 관여래(觀如來)는 '32상을 미루어서 여래를 볼 수 있는가'라는 뜻이다. 다시 말해 32상 그대로를 여래라고 하지는 않지만 32상을 통해 여래를 이해할 수 있는 길은 있다는 뜻이다. 견여래('32상이 곧 여래라고 보는가')와는 다르다.

81 『금강경』 제3 사구게('약이색견아 이음성구아 시인행사도 불능견여래')로, 깨달음이란 부처님의 모습이나 소리에 있지 않고 그 마음의 경지에 있음을 말한 것이다.

해설

부처님의 세 가지 몸으로 이야기해보자. 법신은 진리의 몸·마음의 몸으로 부처님의 깨달음의 세계이고, 보신은 공덕의 몸·과보의 몸으로 깨달음의 영향력이고, 화신는 석가모니 부처님처럼 중생 교화를 위해 역사적으로 나타난 부처님이다. 화신은 천강유수천강월(千江流水千江月)이라는 표현처럼 물에 비친 달이라 보면 된다. 우리는 본래 원만한 달인데, 그 달을 얼마나 많은 사람에게 비추느냐 하는 것은 각자 마음먹기에 달려 있다. 법신은 어떠한 경우에도 상일 수 없다.

따라서 상을 통해 법신을 유추해서 알려고 하더라도 옳지 않다. 법신은 모양이 아니지만 늘 참되고 어디에나 나타난다. 들에 날아다니는 새도, 청정한 산 빛에도 법신은 늘 나타난다. 두두물물 자체가 법신이고 반야의 광명이다.

상에 집착한 눈으로는 부처가 오고 보살이 온다 해도 알아볼 도리가 없다. 불보살이 나를 찾아오신다면 그 이유가 무엇이겠는가? 나를 깨닫게 해주기 위함일 것이다. 내가 가진 상을 깨뜨려 깨닫게 해주려면 사람들이 상상하는 불보살의 모습으로 나타날 리가 없다. 불보살이 내 눈앞에 나타나도 내 안목으로는 십중팔구 알아보지도 못하고 오히려 멀리 쫓아낼 것이다. 모두 청정하고 진실된 안목을 갖추기 위해 상을 모두 가져서는 안 된다.

제이십칠, 무단무멸분(끊어짐도 아니고 멸함도 아니다)
第二十七, 無斷無滅分

수보리 여 약작시념 여래 불이구족상고 득아녹다라삼먁삼보리

須菩提 汝 若作是念 如來 不以具足相故 得阿耨多羅三藐三菩提

수보리 막작시념 여래 불이구족상고 득아녹다라삼먁삼보리

須菩提 莫作是念 如來 不以具足相故 得阿耨多羅三藐三菩提

수보리 여 약작시념 발아녹다라삼먁삼보리심자 설제법단멸 막작시념

須菩提 汝 若作是念 發阿耨多羅三藐三菩提心者 說諸法斷滅 莫作是念

하이고 발아녹다라삼먁삼보리심자 어법 불설단멸상

何以故 發阿耨多羅三藐三菩提心者 於法 不說斷滅相

"수보리야! 그대가 만일 '여래는 구족상이 아닌 것으로써 아뇩다라삼먁삼보리를 얻었다'라고 생각한다면, 수보리야! '여래는 구족상이 아닌 것으로써 아뇩다라삼먁삼보리를 얻었다'라고 생각하지 마라.[82] 수보리야! 그대가 만일 '아뇩다라삼먁삼보리심을 발한 자는 모든 법에 단멸을 말하였다'라고 생각한다면 이렇게 생각하지 마라. 왜냐하면 아뇩다라삼먁삼보리심을 발한 자는 법에 단멸상을 말하지 않기 때문이다."

해설

형상과 소리의 특징을 가지고 부처를 볼 수 없는 것과 마찬가지로 형상과 소리의 특징이 없는 것을 가지고도 부처를 볼 수는 없다. 눈에 보이고, 귀에 들리는 형상으로 부처를 삼아도 안 되고, 들리지 않고 보이지 않는 특징으로 부처를 삼아도 안 된다.

---

82 구족상(具足相)은 앞서 언급된 구족색신(具足色身) 및 구족제상(具足諸相)과 같은 의미로, 여러 가지 상(相)을 결함 없이 온전히 갖춘 상태를 뜻한다. 이와 관련하여 "여래는 잘 갖춰진 상호를 마음에 두지 않았기 때문에 최상의 깨달음을 얻었다고 하지 말라"라는 말씀은 육신의 외적인 현상에 집착하지 말라는 의미로 이해할 수 있다. 즉, 외형적인 조건에 얽매이지 말고, 부정에서 절대 긍정으로 나아갈 때 비로소 조화로운 삶이 이루어지며, 참된 깨달음 또한 가능하다는 뜻이다.

그런 모든 형상을 다 떠나야 한다.

『금강경』의 설법이 시작된 뒤 지금까지 부처님이 줄곧 말씀하신 것은 '정해진 법이 있다고 할 것이 없다'라는 무유정법의 가르침이다. 그런데 여기서 주의해서 볼 것은, 어째서 '법이 없다' 하지 않고, '법이 있다고 할 것이 없다'라고 했느냐는 점이다. 무유정법은 '있다'라는 병에 빠지는 것을 경계하는 가르침이기도 하지만, 그와 동시에 '없다'라는 상에 빠지는 것도 경계하는 가르침이기 때문이다.

제이십팔, 불수불탐분(받지도 탐하지도 않는 복덕)
第二十八, 不受不貪分

    수보리 약보살 이만항하사등 세계칠보 지용보시 약부유인 지일체법무아

    須菩提 若菩薩 以滿恒河沙等 世界七寶 持用布施 若復有人 知一切法無我

    득성어인 차보살 승전보살 소득공덕 하이고 수보리 이제보살 불수복덕고

    得成於忍 此菩薩 勝前菩薩 所得功德 何以故 須菩提 以諸菩薩 不受福德故

    수보리 백불언 세존 운하보살 불수복덕 수보리 보살 소작복덕 불응탐착 시고 설불수복덕

    須菩提 白佛言 世尊 云何菩薩 不受福德 須菩提 菩薩 所作福德 不應貪着 是故 說不受福德

"수보리야! 만일 보살이 항하사 같은 세계에 가득한 칠보로써

보시할지라도 만일 다시 어떤 사람이 일체 법에 아가 없음[83]을 알아 인욕[84]을 성취하면 이 보살은 앞의 보살이 얻은 바 공덕보다 수승하리라. 왜냐하면 수보리야! 모든 보살은 복덕을 받지 않기 때문이다."

수보리가 부처님께 여쭈었습니다.

"세존이시여! 어찌하여 보살은 복덕을 받지 않습니까?"

"수보리야! 보살은 지은 바 복덕에 탐착하지 않으므로 복덕을 받지 않는다고 하느니라."

해설

범부 중생은 복을 짓지 않고 복 받기만 바란다. 밭을 갈고 씨

---

[83] 일체법무아(一切法無我)는 고정불변한 실체가 없다는 말로 법은 모든 사물과 사건이다. 불교에서의 사건이란 해가 뜨고 지는 것, 꽃이 피고 낙엽이 지는 것, 사람이 만났다 헤어지는 것 등 시간이 흘러감에 따라 변화하는 모든 사실들이 사건이다. 따라서 모든 것에는 고정불변의 실체가 없다는 것을 이해할 수 있는 이치이다.

[84] 인(忍)은 불교에서 진리를 표현할 경우 사용된다. 무생법인, 생사가 없는 진리를 이렇게 표현한다. 진리는 일체법무아(一切法無我)라서 눈에 나타나는 것이 아니다. 내 마음은 마음대로 생멸 변화하는 것이 나타나지는 않지만 들어 있다. 무생인(無生忍), 생사가 없는, 생멸이 없는 이치도 틀림없이 있지만 밖으로 드러나는 것이 아니기 때문에 인(忍) 자를 쓴다. 참는다는 것은 밖으로 나타내지 않는다는 뜻이다. 바닷물은 짜지만 짠맛이 보이지 않는 것, 이것이 인(忍)이다.

를 뿌리고 김을 매야 할 계절에 일은 하지 않고, 가을이 되면 남들은 다 풍성한 곡식을 거두는데 자기만 수확이 없다고 괴로워한다. 현인은 복을 지어야만 복을 받는 이치를 안다. 봄·여름 내내 땀을 흘리며 부지런히 수고한 끝에 가을이 되면 풍성한 수확을 얻는 기쁨을 누린다. 현인의 농사는 중생의 농사와 분명히 다르지만 공통점도 있다. 가을이 되면 많은 수확물이 있기를 바란다는 점이다.

만약 태풍이 불어와 추수를 할 수 없게 되면 현인은 좌절하고 실망하며 이럴 줄 알았다며 차라리 놀걸 하고 후회한다. 오직 추수만을 위해 하기 싫은 일을 참아가며 애를 썼기 때문이다. 이런 사람에게 낯선 사람이 찾아와 곡식을 나눠달라고 하면 고생해서 얻은 내 재산을 어떻게 네가 공짜로 달라 하냐며 외면할 것이다. 보살의 농사는 이 둘과는 차원이 다르다. 봄에 씨 뿌리고 여름에 김매는 수고를 마다하지 않으면서도 이웃 사람이 곡식을 나눠달라고 찾아오면 망설이지 않고 내준다. 보살은 이 세상 모든 존재는 그 누구의 것도 아니어서 누구든 필요한 사람이 쓰는 것이 당연하다고 알고 있기 때문이다. 공기는 그 누구의 것도 아니지만 세상 만물이 다 그것으로 숨을 쉬며 살아가고, 태양은 그 누구의 것도 아니지만 세상 만물이 다 그 온기에 의지해서 살아간다. 보살의 농사는 수확에만 매달리지 않는다. 수확만 바라보는 사람은 수확에 이르는 과정이 참아내야 할 인고의 시간이다. 그러나 보살은 농사짓는 그 과정이 모두 즐거움이므로 순간순간을 행복하게 살아간다. 그래서 거둬들인 수확은 이미 삶의 즐거움을 누리고 남은 찌꺼기일 뿐이다. 그러니 누가 필요하다고 하면 기꺼이 나누어준다.

결과에만 집착하는 한 과정은 힘들고 고통스러운 시간일 뿐이다. 지금 이 순간의 시간이 나의 삶이다. 지금 여기를 떠난 삶은 존재하지 않는다.

제이십구, 위의적정분(위의가 적정하다)
第二十九, 威儀寂靜分

수보리 약유인 언 여래 약래약거약좌약와 시인 불해아소설의

須菩提 若有人 言 如來 若來若去若坐若臥 是人 不解我所說義

하이고 여래자 무소종래 역무소거 고명여래

何以故 如來者 無所從來 亦無所去 故名如來

"수보리야! 만일 어떤 사람이 말하기를, 여래가 오기도 하고 가기도 하고 앉기도 하고 눕기도 한다고 하면, 이 사람은 내가 말한 바 뜻을 알지 못함이니라. 왜냐하면 여래란 오는 바가 없으며 가는 바가 없으니 이름이 여래니라."[85]

---

85 여래는 모든 욕구를 여의었으니 그 행은 물과 같고 그릇과 같은 무위의 행이다. 어디에도 집착함이 없으므로 행함 없이 행하는 무소행을 실천하고 무위의 모습으로 무주상보시를 행하여 무루복을 짓는다. 하지만 사람들의 행위는 언제나 목적에 집착하며 욕구를 따라다니는 유위의 행이다.

해설

부처님의 열 가지 명호 가운데 가장 많이 사용되는 명호가 여래이다. 산스크리트어로 타타가타(Tathagata), 온 바도 없고 간 바도 없이 오직 여여히 법의 실상에 안주해 있다는 뜻이다. 여래가 오고 가는 자리는 온 것도 간 것도 아니며 앉거나 눕는 것도 없이 고요할 뿐이다. 다만 중생의 눈으로 볼 때 오고 간다는 분별이 있을 뿐이다. 여래의 움직임은 그 어떤 생각도 일으킴이 없어서 언제나 공적하다.

제삼십, 일합이상분(하나로 합한 이치)
第三十, 一合理相分

수보리 약선남자선여인 이삼천대천세계 쇄위미진 어의운하

須菩提 若善男子善女人 以三千大千世界 碎爲微塵 於意云何

시미진중 영위다부 수보리언 심다 세존 하이고 약시미진중 실유자

是微塵衆 寧爲多不 須菩提言 甚多 世尊 何以故 若是微塵衆 實有者

불 즉불설 시미진중 소이자하 불설미진중 즉비미진중 시명미진중

佛 卽不說 是微塵衆 所以者何 佛說微塵衆 卽非微塵衆 是名微塵衆

세존 여래소설 삼천대천세계 즉비세계 시명세계 하이고 약세계 실유자

世尊 如來所說 三千大千世界 卽非世界 是名世界 何以故 若世界 實有者

즉시일합상 여래설 일합상 즉비일합상 시명일합상

卽是一合相 如來說 一合相 卽非一合相 是名一合相

수보리 일합상자 즉시불가설 단범부지인 탐착기사

須菩提 一合相者 卽是不可說 但凡夫之人 貪著其事

"수보리야! 만일 선남자 선여인이 삼천대천세계를 빻아서 가는 티끌을 만들면 어떻게 생각하느냐? 이 티끌들이 많지 않겠느냐?"

"매우 많습니다, 세존이시여! 왜냐하면 만일 이 티끌들이 실제로 있는 것이라면 부처님께서 티끌들을 말씀하지 않으셨을 것입니다. 왜냐하면 부처님께서 티끌들이라고 말씀하신 것은 곧 티끌들이 아니라 그 이름이 티끌들이기 때문입니다. 세존이시여! 여래가 말씀하신 삼천대천세계는 곧 세계가 아니라 그 이름이 세계입니다. 왜냐하면 만일 세계가 실로 있다면 곧 일합상인 것이거늘 여래께서 말씀하신 일합상은 곧 일합상이 아니라 이름이 일합상입니다."

"수보리야! 일합상이라는 것은 곧 말할 수 없거늘, 다만 범부들이 이것을 탐착하느니라."

해설

일합이상(一合理相)이란 하나로 뭉쳐진, 하나로 통일된 이치의 모습을 뜻한다. 삼천대천세계를 부수니 무수한 티끌이 만들어졌다. 그것이 더 이상 쪼갤 수 없는 최소 물질이고 단독자라면 티끌은 공이 아니라 불변의 실체가 있는 물질이라는 얘기가 된다. 티끌은 더 작은 다른 물질들의 결합으로 이루어져 있다. 겉으로 드러난 현상을 보면 실체가 존재하는 것 같지만 그 속을 들여다 보면 아무 실체 없이 텅 비었음을 알게 된다. 또 아무 실체 없이 텅 비어 있는 것처럼 보이는 거기로부터 온갖 현상이 모습을 드러냄을 알게 된다. 티끌은 주변 세계와의 연관 속에서 그때그때 다른 성질을 드러내기도 하고, 전혀 새로운 물질로 나타나기도 한다.

우리의 의식도 바깥 세계로부터 영향을 받아서 이루어진다. 환경이, 조건이, 존재가 우리의 의식을 규정한다고 볼 수 있다. 하지만 그 반대로 내가 어떤 의식을 갖느냐에 따라 바깥 세계를 보는 눈이 달라진다. 나를 중심에 놓고 세계를 보면 내가 보는 세계가 실제인 줄 착각한다. 그런데 내가 보는 세계가 실제가 아닌 줄을 알면 오히려 의식이 환경의 영향을 받지 않을 수 있다. 그러니 우리의 의식이 환경의 영향을 받는다는 말도 맞고, 우리의 의식이 환경의 영향을 받지 않는다는 말도 맞다.

또한 내가 지금 세상을 보는 관점에 따라 세상은 달라진다. 주변의 조건에 매달려서 사느냐, 아니면 내가 처한 환경에 적극적으로 대응하며 내 인생의 주인으로 사느냐의 선택은 순전히 자신의 몫이다. 내가 행복해지는 것과 세계가 좋아지는 것은 둘이 아니다. 늘 나로부터 출발해야 하며, 나는 그대로 두고 밖을 바꾸겠다고 하면 세상은 바뀌지 않는다. 따라서 근원적인 출발은 나로부터 시작되어야 한다.

제삼십일, 지견불생분(지견을 내지 않는다)
第三十一, 知見不生分

수보리 약인 언 불설아견인견중생견수자견 수보리 어의 운하

須菩提 若人 言 佛說我見人見衆生見壽者見 須菩提 於意 云何

시인 해아소설의부 불야 세존 시인 불해여래소설의 하이고

是人 解我所說義不 不也 世尊 是人 不解如來所說義 何以故

세존 설아견인견중생견수자견 즉비아견인견중생견수자견

世尊 說我見人見衆生見壽者見 卽非我見人見衆生見壽者見

시명아견인견중생견수자견 수보리 발아뇩다라삼먁삼보리 심자

是名我見人見衆生見壽者見 須菩提 發阿耨多羅三藐三菩提 心者

어일체법 응여시지 여시견 여시신해 불생법상 수보리

於一切法 應如是知 如是見 如是信解 不生法相 須菩提

소언법상자 여래설 즉비법상 시명법상

所言法相者 如來說 卽非法相 是名法相

"수보리야! 만일 어떤 사람이 말하되, 부처님이 아견·인견·중생견·수자견[86]을 설했다고 한다면, 수보리야! 그대는 어떻게 생각하느냐? 그 사람은 내가 말한 뜻을 알았다 하겠느냐?"

"아닙니다. 세존이시여! 그 사람은 여래께서 말씀하신 뜻을 알지 못합니다. 왜냐하면 세존께서 말씀하신 아견·인견·중생견·수자견은 아견·인견·중생견·수자견이 아니라 그 이름이 아견·인견·중생견·수자견이기 때문입니다."

---

86 사고(四苦)를 사상(四相) 또는 사견(四見)이라 하는데, 사견을 일러 아견(자아의식), 인견(차별의식), 중생견(열등의식), 수자견(한계의식)이라 한다. 사고는 네 가지 근본 고통을 말하는데 태어나는 고통(生苦), 늙는 고통(老苦), 병드는 고통(病苦), 죽는 고통(死苦)으로 인간이라면 누구도 피할 수 없는 존재 자체의 조건에서 비롯된 고통을 말한다. 아상은 '나'라는 존재가 실체적으로 존재한다는 생각 또는 그에 대한 집착 때문에 고통스러운 것이다. 아견은 '나'라는 존재에 대해 갖는 견해나 관념, 즉 '나는 존재한다', '나는 이런 사람이다', '이 몸이 나다', '이 삶이 나다'라는 생각들로 괴로워하는 것을 말한다. 따라서 우리는 이것을 실체가 없는 것에 실체가 있다고 착각하는 것이다. 그러므로 사고의 뿌리는 아상 또는 아견, 즉 '나'라는 실체가 있다는 착각에서부터 시작되는 것이다. 이 착각이 바로 아상이며 그에 대한 생각과 판단이 아견인 것이다. 우리가 집착을 내려놓을 때 비로소 참된 해탈과 자유로 나아갈 수 있다는 가르침이다.

"수보리야! 아뇩다라삼먁삼보리심을 발한 자는 일체 법에 응당 이와 같이 알고, 이와 같이 보며, 이와 같이 믿고 이해하여 법상을 내지 아니할지니라. 수보리야! 여래가 말한 법상이라는 것은 곧 법상이 아니라 그 이름이 법상이니라."

해설

우리가 상에 집착하는 이유는 집착하고 싶어서 그러는 것이 아니라 객관적인 사실이라고 믿기 때문이다. 내 눈에 그렇게 보이는 것을 실제라고 착각하기 때문이다. 세상에 존재하는 모든 사물은 다만 그것일 뿐이다. 그런데 사람들은 다만 그것일 뿐인 세상에 자기 잣대를 들이대서 온갖 분별을 일으킨다. 게다가 자기가 분별을 일으키고 있음을 알아차리지 못하고 오히려 자기가 일으킨 생각을 객관화시키고 절대화시킨다. 자기가 평가한 가치가 그것의 실제 가치고 자기가 보기에 좋은 것이 실제로 좋은 것이라고 착각한다. 하지만 그렇다고 해서 아무 생각도 내지 말아야 한다는 것은 아니다. 아무 생각 없어야 한다고 고집하는 것도 단멸상에 빠진 또 다른 집착이다. 또한 집착하지 말아야 한다는 데 집착하는 것 역시 상에 매달리는 어리석음이다. 집착을 놓아야 한다는 견해를 일으키면 또 다시 괴로움이 생긴다. 상과 견해를 내려놓겠다고 불법을 배우는데 상을 내려놓아야 한다면서 상을 하나 더 보태고 있는 것은 아닌지 돌이켜 보아야 한다. 법이라고 하는 상, 진리라고 하는 잣대까지 내려놓아야 일체를 다 내려놓은 자유의 삶으로 접어들 수 있다.

제삼십이, 응화비진분(응·화신이 진신이 아니다)
第三十二, 應化非眞分

수보리 약유인 이만무량아승지세계칠보 지용보시 약유선남자선여인

須菩提 若有人 以滿無量阿僧祇世界七寶 持用布施 若有善男子善女人

발보살심자 지어차경 내지사구게등 수지독송 위인연설 기복 승피

發菩薩心者 持於此經 乃至四句偈等 受持讀誦 爲人演說 其福 勝彼

운하위인연설 불취어상 여여부동 하이고

云何爲人演說 不取於相 如如不動 何以故

일체유위법 여몽환포영 여로역여전 응작여시관

一切有爲法 如夢幻泡影 如露亦如電 應作如是觀

불설시경이 장로수보리 급제비구비구니 우바새 우바이 일체세간

佛說是經已 長老須菩提 及諸比丘比丘尼 優婆塞 優婆夷 一切世間

천인아수라 문불소설 개대환희 신수봉행

天人阿修羅 聞佛所說 皆大歡喜 信受奉行

"수보리야! 만일 어떤 사람이 무량 아승지 세계가 가득한 칠보로써 보시할지라도 만일 선남자 선여인이 보리심을 일으켜 이 경을 가지거나 내지 사구게 등을 수지 독송하여 다른 사람을 위하여 연설하면 그 복이 저보다 수승하리라. 어떻게 다른 사람을 위하여 연설하는가? 상을 취하지 않으면 여여하여 동하지 않으리라. 왜냐하면 일체 유위법은 꿈과 같고 꼭두각시와 같고 물거품과 같고 그림자와 같으며, 또한 이슬과 같고 번개와 같으니[87] 마땅히 이와 같이 관할지니라."

부처님께서 이 경 설하시기를 마치자 장로 수보리와 모든 비구, 비구니와 우바새 우바이와 일체 세간 천인 아수라들이 부처

---

[87] 마지막 사구게의 몽(夢)·환(幻)·포(泡)·영(影)·로(露)·전(電)을 『금강경』의 육유(六喩, 여섯 가지 비유)라 한다.

님의 말씀을 듣고 모두 크게 환희하여 믿고 받아들여 뜻을 받들어 행하였느니라.

해설

부처님은 6년 고행으로 깨달은 도를 세상에 전하는 데 평생을 바쳤다. 보리수나무 아래에서 마침내 깨달음을 얻었을 때 마왕이 나타나 그 좋은 법을 혼자만 간직하라고 유혹했지만 부처님은 마왕의 유혹을 단호히 뿌리쳤다. 모든 사람이 이 법을 알아 자유롭고 행복해지기를 바라는 마음이었다. 그래서 부처님은 45년간 쉼 없이 이 법을 전하셨다. 이 법을 만나서 일어나는 환희심은 남과 경쟁하고 얻는 기쁨이 아니다. 남에게 이로움을 줌으로써 얻어지는 기쁨이다. 하지만 불법을 전함으로써 이루는 공덕이 아무리 한량없다 해도 상에 머무르는 한 그것은 상대에게도 자신에게도 독이 되기 쉽다.

모든 것이 '꿈같고 꼭두각시 같고 물거품 같고 그림자 같다'는 제법이 무아인 실상, 고정된 실체가 존재하지 않음을 비유하는 말이다. '이슬 같고 번개 같다'는 모든 것이 한순간에 불과한 무상의 실상을 비유한다. 이를 『반야심경』에서는 오온이 모두 공하다고 했다. 모든 존재와 현상이 무아며, 무상이므로 그 어디에도 집착할 바가 없다. 그렇게 모든 상이 상 아닌 줄 알면 존재의 참모습을 보게 되고 인생의 번뇌가 사라진다. 하지만 이런 이치를 공부하고도 막상 일상에서는 눈에 보이는 모습에 집착하고, 귀에 들리는 소리에 집착하고, 코에 맡아지는 냄새에 집착하고, 혀에 닿는 맛에 집착하고, 손에 느껴지는 감촉에 집착하고, 머리로 인식되는 알음알이에 집착하는 것이 현실이다. 이제 우리는 '눈 뜨는 연습'을 해야 한다. 꿈속에서 아무리 좋은 일이 있었더라도 눈을 떠보면 다 꿈일 뿐이다. 좋은 일도 다 꿈같은 줄 안다면 나쁜 일이야 말할 필요도 없다.

수행의 첫 단계는 깨달음, 견성이다. 이치를 모른 채로 아무리 열심히 행한다 해도 바른 길로 나아갈 수 없다. 그러나 아무리 이치를 잘 안다 해도 생활 속에서 연습을 되풀이하지 않으면 그 법은 내 삶을 바꾸는 힘이 되지 못한다. 따라서 불교에서는 이런 생활 속 경험을 통한 깨달음의 전진을 보림(保任)이라 한다. 깨달은 바를 생활 속에서 실험하고 경험함으로써 나를 닦아나가는 수행이다. 초견성이 성냥불이라면, 보림은 그 불꽃을 장작불로 옮겨 붙여 불을 키우는 과정과 같다. 세상 속을 다니면서 넘어지고 다시 일어나고, 일체시 일체처에 이 법이 적용되는 모습을 경험해야만 이 법이 참으로 나에게 진리가 됨을 알 수 있다.

『금강경』 마지막 32장은 '응·화신이 진신이 아니다'라고 이름

짓고 있으며, 상을 떠나야 부처님을 볼 수 있다고 말한다. 아울러 『금강경』의 공덕에 대해 강조하는 것으로 결론을 맺고 있다.

부처님께서는 불법에 마음을 낸 사람들은 반드시 이 『금강경』을 읽고, 남을 위해서 일러주라고 하셨다. 단지 모두 해설하기 힘들면 사구게만이라도 수지 독송하고 남을 위해 해설해준다면 말로 표현할 수 없을 만큼의 불가사의한 복덕이 있다는 말씀이었다.

남을 위해 일러주려면 참으로 있는 모습, 참모습, 본래의 모습으로 상에 집착하지 않으며 살아가야 한다. 이것이 『금강경』을 수지 독송하는 일이다. 여여부동하며 무상한 것, 이것이 진실로 반야의 삶이며 여래의 삶일 것이다.

또한 『금강경』은 병을 치유하는 길을 조용히, 그러나 깊이 있게 비추어주었다. 우리 안의 참된 자성을 깨우고, 거짓된 분별을 걷어내어 결국에는 자유롭고 환한 삶으로 나아가도록 인도한다.

『금강경』에서는 '즉비(卽非)'의 논리를 통해 이렇게 말씀하셨다.

"금강경은 금강경이 아니라, 그 이름이 금강경일 뿐이다."

"부처님도 부처님이 아니라, 그 이름이 부처님일 뿐이다."

이는 우리가 집착하는 네 가지 모습, 즉 '나', '남', '중생', '수명'이라는 사상(四相)을 깨뜨려, 참된 무아의 세계를 열어 보이신 가르침이다.

그렇다면 이렇게도 생각해볼 수 있지 않을까?

"나의 고통은 나의 고통이 아니라, 그저 '나의 고통'이라는 이름일 뿐이다."

"나의 병도 나의 병이 아니라, 그저 나의 병이라는 이름일 뿐이다."

이렇게 바라보는 순간, 마음을 짓누르던 무거움이 조금은 가벼워지고, 문제의 실체가 허물어지며 사라지는 듯한 시원함이 밀려올 것이다.

모든 것은 실체가 아닌 인연 따라 일어나는 허망한 것임을 부처님은 꿰뚫어 보셨고, 그렇기에 단호히 부정하셨다. 따라서 이 세상 모든 집착에서 벗어날 수 있도록, 『금강경』을 통해 지금도 조용히 우리를 깨우고 있다.

"반야바라밀이, 즉비반야바라밀이고, 시명반야바라밀이다"라는 구절은 우리의 온갖 상에 대한 문제들을 단순한 논리로 말끔히 해결해주었다.

『금강경』은 우리 안에 본래부터 존재하는 신비롭고도 오묘한 지혜를 수행을 통해 드러내어, 깊고도 근원적인 깨달음에 이르게 한다.

비록 단순한 논리로 전개되지만, 『금강경』의 통찰은 우리의 마음 깊은 곳을 시원하게 꿰뚫으며, 진정으로 가치 있는 삶, 참된 행복을 향해 나아갈 수 있도록 길을 밝혀주고 있다.